Bettermann/Hankofer
Kaufleute für Büromanagement:
Der Report in der Wahlqualifikation

Zusätzliche digitale Inhalte für Sie!

Zu diesem Buch stehen Ihnen kostenlos folgende digitale Inhalte zur Verfügung:

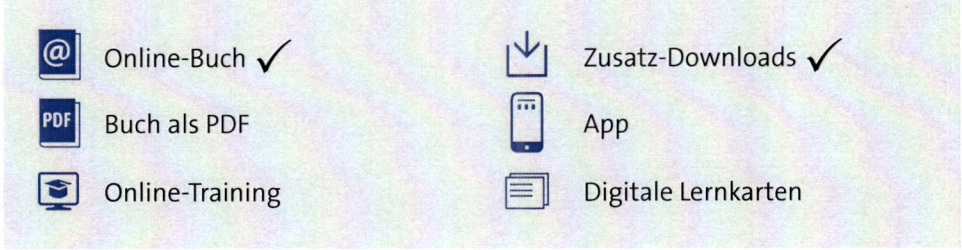

@	Online-Buch ✓	↧	Zusatz-Downloads ✓
PDF	Buch als PDF	📱	App
🎓	Online-Training	📑	Digitale Lernkarten

Schalten Sie sich das Buch inklusive Mehrwert direkt frei.

Scannen Sie den QR-Code **oder** rufen Sie die Seite **www.kiehl.de** auf. Geben Sie den Freischaltcode ein und folgen Sie dem Anmeldedialog. Fertig!

Ihr Freischaltcode

BBSA-FUEJ-RRKG-JZFB-MWYL-AZ

Kaufleute für Büromanagement: Der Report in der Wahlqualifikation

Beispielreporte zur Prüfungsvorbereitung

Von
Verena Bettermann und
Sina Dorothea Hankofer

4., aktualisierte Auflage

ISBN 978-3-470-**10064**-7 • 4., aktualisierte Auflage 2022

© NWB Verlag GmbH & Co. KG, Herne 2017
www.kiehl.de

Kiehl ist eine Marke des NWB Verlags

Satz: Ansichtssachen, Egelsbach
Druck: Druckerei Hachenburg PMS GmbH, Hachenburg

Scannen Sie den QR-Code oder besuchen Sie
Climate-Partner.com/16605-2106-1001 und erfahren
Sie mehr zu unseren klimaneutralen Druckprodukten.

Vorwort

Liebe angehende Kaufleute für Büromanagement,

dieses Buch soll Sie bei der Vorbereitung auf die mündliche Abschlussprüfung unterstützen. Im Rahmen der mündlichen Abschlussprüfung haben Sie die Möglichkeit, zwei Reporte in zwei Wahlqualifikationen anzufertigen. Dafür enthält dieses Buch zu den gängigsten Wahlqualifikationen einen beispielhaften Report, an dem Sie sich orientieren können. Der Report ist nach den Richtlinien der zuständigen Kammer aufgebaut, die in diesem Buch ebenfalls zur Orientierung enthalten sind. Nach jedem Report folgen außerdem ein kritischer Blick sowie einige Fragen, die sich aus dem jeweiligen Report für das darauffolgende Prüfungsgespräch ergeben können. Dieses Buch begleitet Sie von der Themenfindung, über das Schreiben, bis hin zur Durchführung der mündlichen Prüfung.

Liebe Ausbilderinnen und Ausbilder,

Sie bilden die angehenden Kaufleute für Büromanagement zu handlungskompetenten jungen Menschen aus. Die Ausbildung bewegt sich weg vom lehrenden Ausbilder hin zum lernprozessbegleitenden Ausbilder. Ein Indiz für diese Entwicklung ist die Neustruktur der mündlichen Abschlussprüfung der Kaufleute für Büromanagement, in der Wert darauf gelegt wird, WIE ein Auszubildender an einen Arbeitsprozess herangeht. Daher ist es wichtig, dass Sie Ihren Auszubildenden bereits in der Ausbildung helfen, über ihre Lern- und Arbeitsprozesse nachzudenken und diese zu reflektieren. Wir hoffen, unser Buch ist daher auch eine Unterstützung für Sie.

Liebe Prüferinnen und Prüfer,

Ihre elementare Aufgabe ist es, die Reporte der angehenden Kaufleute für Büromanagement zu lesen, zu durchdenken und gemeinsam mit den Prüflingen zu reflektieren. Wir hoffen, dass unsere Reporte und die daraus resultierenden Fragen Ihnen in Ihren Prüfungsausschüssen weiterhelfen.

Für Sie alle lohnt sich der Blick in mein**kiehl**: In dieser Auflage finden Sie ein interessantes und hilfreiches **Themen-Special** mit wissenswerten Infos **rund um die mündliche Abschlussprüfung**. Es gibt zum Thema passende Beiträge aus unserer Zeitschrift „Die Kaufleute für Büromanagement" sowie zwei Prüfungssimulationen und einen Erfahrungsbericht ehemaliger Auszubildender zum Anhören. Schauen Sie doch mal vorbei:

Achtung: das Online-Material wird bei Bedarf aktualisiert. Also schauen Sie öfter mal vorbei!

Geisa/Meppen, im Februar 2022

Verena Bettermann
Sina Hankofer

Benutzungshinweise

Diese Symbole erleichtern Ihnen die Arbeit mit diesem Buch:

 TIPP

Hier finden Sie nützliche Hinweise zum Thema.

 MERKE

Das X macht auf wichtige Merksätze oder Definitionen aufmerksam.

 ACHTUNG

Das Ausrufezeichen steht für Beachtenswertes, wie z. B. Fehler, die immer wieder vorkommen, typische Stolpersteine oder wichtge Ausnahmen.

 INFO

Hier erhalten Sie nützliche Zusatz- und Hintergrundinformationen zum Thema.

 RECHTSGRUNDLAGEN

Das Paragrafenzeichen verweist auf rechtliche Grundlagen, wie z. B. Gesetzestexte.

 MEDIEN

Das Maus-Symbol weist Sie auf andere Medien hin. Sie finden hier Hinweise z. B. auf Download-Möglichkeiten von Zusatzmaterialien, auf Audio-Medien oder auf die Website von Kiehl.

Feedbackhinweis

Kein Produkt ist so gut, dass es nicht noch verbessert werden könnte. Ihre Meinung ist uns wichtig. Was gefällt Ihnen gut? Was können wir in Ihren Augen verbessern? Bitte schreiben Sie einfach eine E-Mail an: **feedback@kiehl.de**

Inhaltsverzeichnis

1. Warum überhaupt ein Report? Eine Hommage an ein neues Prüfungskonzept

Die Hauptaufgabe der Ausbildung junger Menschen besteht nicht nur in der Vermittlung von fachlichen Kenntnissen, sondern in der ganzheitlichen Entwicklung von Handlungskompetenzen, wie z. B. Problemlösungsfähigkeit, Selbstlernkompetenz, eigenständiges Handeln etc.

Fachliches Wissen unterliegt einer sogenannten Halbwertszeit, die sich in den letzten Jahren rasant verändert hat. Das führt z. B. dazu, dass berufliches Fachwissen bereits nach fünf Jahren veraltet ist, technisches Fachwissen bereits nach drei Jahren und sich EDV-Wissen jährlich ändert. Das heißt, wer aktuell bleiben will, muss lernen, sich selbstständig immer wieder neues Wissen anzueignen.

Wer sich mit diesen Informationen genauer auseinandersetzt, wird feststellen, dass Prüfungskonzepte, in denen es um reine Wissenswiedergabe geht, dem Konzept eines selbstorganisierten Lernens widerspricht. Es braucht Konzepte, in denen junge Menschen selbstständig ein (betriebliches) Problem erkennen, es lösen und ihre Handlungsweise – ob erfolgreich oder nicht – reflektieren. Denn das führt dazu, Lösungsstrategien für mögliche ähnliche Problemstellungen abzuleiten.

Sie sehen: Reporte als neuartiges Prüfungssystem machen im Kontext des selbstorganisierten Lernens absolut Sinn. Und sie haben – neben dem eigenständigen Lösen von Aufgaben, noch weitere Vorteile für den Prüfling.

Wenn Sie, als Ausbilderin oder Ausbilder, oder auch Sie, als zukünftiger Prüfling, vor der Entscheidung stehen, die Reportvariante oder die klassische Variante zu wählen, sollten Sie die folgenden Fragen mit „Ja" beantworten können:

Reportvariante	Klassische Prüfungsvariante
► Ich war in meinen Wahlqualifikationen mindestens fünf Monate eingesetzt und konnte dort selbstständig und eigenverantwortlich Tätigkeiten übernehmen.	► In meiner Ausbildung übernehme ich überwiegend Routinetätigkeiten.
► In diesem Zusammenhang bin ich auf Problemstellungen aufmerksam geworden, die ich selbstständig lösen konnte.	► Kleinere Projekte wurden mir noch nicht übertragen.
► Bei diesen Problemstellungen handelte es sich nicht um Routinetätigkeiten.	► Ich habe bereits nach Report-Themen Ausschau gehalten, kann aber keine finden.
► Ich habe mich bereits in der Mitte meiner Ausbildung mit dem Gedanken beschäftigt, den Report als Prüfungsvariante zu wählen und frühzeitig typische Projekte durchlaufen.	► Mein Betrieb würde mich bei der Reportvariante nicht unterstützen.
	► Ich kann mein Einsatzgebiet nicht richtig den Wahlqualifikationen zuordnen.

Reportvariante	Klassische Prüfungsvariante
▸ Ich erhalte von Seiten meiner Ausbilderin/ meines Ausbilders gute Unterstützung. ▸ Ich bin in der Lage, mein Handeln zu reflektieren und Konsequenzen daraus abzuleiten. ▸ Strukturiertes Schreiben fällt mir leicht. ▸ Ich will das Themengebiet meiner mündlichen Prüfung bereits im Vorfeld einschränken, damit ich weiß, auf was ich mich vorbereiten kann.	▸ Die Prozesse in meinem Betrieb lassen eigenständige Lösungskonzepte nicht unbedingt zu.

Egal ob Report oder klassische Prüfungsvariante: beide Varianten bedeuten Arbeit und Lernleistung. Bei der Reportvariante findet diese Lernleistung bereits im Vorfeld, also während der Bearbeitung der Reporttätigkeit, während des Schreibens und der Reflexion statt. Denn hier setzt sich der Prüfling bereits während der Tätigkeit mit dem fachlichen Hintergrundwissen auseinander und erwirbt damit implizierte Fachkenntnisse, die viel länger im Gedächtnis bleiben, als das reine Auswendiglernen. Dafür hat der Prüfling in der Vorbereitung auf das mündliche Prüfungsgespräch nicht mehr ganz so viel Lernleistung zu erbringen, da das Themengebiet bereits eingegrenzt wurde.

Bei der klassischen Variante ist das Themengebiet der Aufgabenstellung im Vorfeld unbekannt und muss tatsächlich im klassischen Sinne gelernt werden. Noch dazu kommt die Herausforderung, dass in vielen Prüfungsausschüssen keine reine Abfrage von Fachwissen erfolgt, sondern Prozesswissen erfragt wird. Das bedeutet, dass man unter Umständen eine Aufgabenstellung erhält, die man selbst im Betrieb noch nie erledigt hat, dazu dann aber Lösungskonzepte entwickeln soll. Das fällt vielen Prüflingen sehr schwer.

Welche Entscheidung Sie treffen, ist ganz von Ihnen abhängig. Sie sollten diese Entscheidung jedoch nicht erst bei der Anmeldung zur Abschlussprüfung treffen, sondern bereits in der Mitte Ihrer Ausbildung. Sonst wird es – sollten Sie die Reportvariante bevorzugen – vielleicht zeitlich problematisch.

Ob Sie nun Ausbilder/in oder zukünftiger Prüfling sind, in jedem Fall gilt: Haben Sie keine Angst vor der Reportvariante, nur weil sie neu ist! Wenn die betrieblichen Voraussetzungen gegeben sind, spricht nichts gegen das neue Prüfungskonzept.

Schauen Sie auch in mein**kiehl** vorbei! Mit dem QR-Code im Vorwort gelangen Sie direkt zu einem interessanten und hilfreichen **Themen-Special** mit wissenswerten Infos **rund um die mündliche Abschlussprüfung**. Es gibt zum Thema passende Beiträge aus der Zeitschrift „Die Kaufleute für Büromanagement" sowie zwei Prüfungssimulationen und einen Erfahrungsbericht ehemaliger Auszubildender zum Anhören.

2. Aufbau eines Reports und Anforderungen

Nachdem nun der Ausbildungsberuf „Kaufleute für Büromanagement" im Sommer 2014 eingeführt wurde, ergaben sich daraus auch Änderungen für den Prüfungsablauf und die Prüfungsinhalte. Sie erstellen zwei Reporte, von denen der Prüfungsausschuss einen Report auswählt und diesen als Grundlage für die Durchführung des fallbezogenen Fachgespräches nimmt. Sollten Sie jedoch die Reportvariante für Ihre Abschlussprüfung wählen und dann keine Reporte einreichen, wird dieser Prüfungsteil als ungenügend bewertet.

2.1 In welchen Bereichen kann ein Report verfasst werden?

Bevor Sie mit Ihrer Ausbildung begonnen haben, hat Ihr Ausbildungsbetrieb mit Ihnen im Ausbildungsvertrag zwei von insgesamt zehn möglichen Wahlqualifikationen vereinbart. Diese Wahlqualifikationen lauten:

▶ Auftragssteuerung und -koordination

▶ Kaufmännische Steuerung und Kontrolle

▶ Kaufmännische Abläufe in kleinen und mittleren Unternehmen

▶ Einkauf und Logistik

▶ Marketing und Vertrieb

▶ Personalwirtschaft

▶ Assistenz und Sekretariat

▶ Öffentlichkeitsarbeit und Veranstaltungsmanagement

▶ Verwaltung und Recht

▶ Öffentliche Finanzwirtschaft.

Da häufig die Frage aufgeworfen wird, welche Inhalte die Wahlqualifikationen haben, erhalten Sie hier eine Zusammenfassung der einzelnen profilgebenden Wahlqualifikationen. Diese finden Sie in der Verordnung über Ihren Ausbildungsberuf. Es handelt sich hierbei um den Ausbildungsrahmenplan bzw. die zeitliche und sachliche Gliederung.

2.1.1 Auftragssteuerung und -koordination

Auftrag initiieren	Auftrag abwickeln	Auftrag abschließen	Auftrag nachbearbeiten

In den Bereich Auftragssteuerung und Auftragskoordination gehören überwiegend Tätigkeiten, die im Kundenkontakt geschehen. Zum Beispiel, dass Sie Kunden produktspezifisch und kaufmännisch beraten können oder dass Sie gemeinsam mit dem Kunden oder für den Kunden Angebotsgrundlagen und -alternativen entwickeln. Weiterhin sollten Sie in diesem Bereich ergänzenden Service anbieten können oder Serviceleistungen entwickeln und vorschlagen. Ebenfalls gehört dazu, dass Sie entsprechende Angebote erstellen können, den Auftragseingang prüfen und Aufträge bestätigen.

Ebenso gehört die komplette Auftragsabwicklung (Erstellung von Zeit- und Ressourcenplänen in Abstimmung mit den Beteiligten, auftragsrelevante Beschaffung, auftragsbegleitende Kundenkommunikation, Leistungsabnahme und Soll-Ist-Vergleich der Leistung) in den Bereich Auftragssteuerung und -koordination.

Auch sollten Sie in dieser Wahlqualifikation lernen, wie eine Auftragsdokumentation in Ihrem Unternehmen erstellt wird, wie Aufträge nachkalkuliert und fakturiert werden, wie Kundenrechnungen erstellt werden und wie Zahlungseingänge überwacht werden.

Im Bereich der Auftragsnachbereitung sollten Sie in der Lage sein, Instrumente zur Ermittlung und Auswertung der Kundenzufriedenheit zu entwickeln und anzuwenden. Ihnen sollten Maßnahmen zur Kundenbindung bekannt sein. Sie sollten Reklamationen bearbeiten können und Probleme in Auftragsprozessen identifizieren und analysieren können. Auch sollten Sie Strategien zur Problemlösung vorschlagen können.

Beispiele

Reportthemen aus dieser Wahlqualifikation:

► Erarbeitung eines individuellen Angebotes über ein Produkt oder eine Dienstleistung für einen größeren Kunden

► Erarbeitung einer Kundenzufriedenheitsumfrage

► Durchführen eines Kundenbindungsprojektes

► Planung eines verkaufsoffenen Sonntages

► Erstellung eines Reklamationsformulars zur Verbesserung der Reklamationsbearbeitung

- ► Analyse eines problembehafteten Auftragsprozesses
- ► Erarbeitung eines Produktsteckbriefes für ein neues Produkt mit Merkmal-Nutzen-Analyse und Argumenten
- ► Planung einer Outbound-Telefonaktion
- ► usw.

 INFO

Übrigens finden Sie in den 3 Infobänden „Kaufleute für Büromanagement" (www.kiehl.de) fachtheoretische Informationen zu den oben genannten Themen. Den Bereich Auftragsbearbeitung finden Sie z. B. in den Lernfeldern 3 und 4. Kundenbindung im Lernfeld 5 und Kundengespräche im Lernfeld 7.

2.1.2 Kaufmännische Steuerung und Kontrolle

| Finanzbuchhaltung | Kosten- und Leistungsrechnung | Controlling |

Wenn Sie in der profilgebenden Wahlqualifikation „Kaufmännische Steuerung und Kontrolle" ausgebildet werden, dann kümmern Sie sich im Bereich Finanzbuchhaltung z. B. um die Aufnahme und Pflege von Kreditoren- und Debitorenstammdaten. Außerdem ordnen Sie gängige Geschäftsprozesse buchhalterisch ein. Dabei beachten Sie gesetzliche und betriebliche Regelungen. Außerdem erfassen, kontieren und buchen Sie entsprechende Belege auf Bestands- und Erfolgskonten. Sie überwachen Zahlungseingänge und veranlassen Zahlungsausgänge. Weiterhin leiten Sie bei Zahlungsverzug entsprechende Maßnahmen ein. Da im Bereich Finanzbuchhaltung periodengerechte Abschlussarbeiten stattfinden, unterstützen Sie diese.

Im Bereich Controlling sind Sie in der Lage, bestimmte Einflussfaktoren auf den Betriebserfolg zu identifizieren und zu analysieren. Sie können Ergebnisse der Betriebsrechnung und Finanzbuchhaltung für das Controlling aufbereiten und interpretieren. Außerdem können Sie Soll- und Ist-Vergleiche durchführen, falls vorhanden Abweichungen feststellen und diese kommunizieren. Sie sind zusätzlich in der Lage, Kennzahlen zu ermitteln, diese aufzubereiten und zu beurteilen und Statistiken und Berichte zu erstellen.

Im Bereich der Kosten- und Leistungsrechnung können Sie Kosten ermitteln, aufbereiten und überwachen. Außerdem können Sie Leistungen kalkulieren und verrechnen. Die Ergebnisse der Kosten- und Leistungsrechnung können Sie für Entscheidungen aufbereiten.

Beispiele

Reportthemen aus dieser Wahlqualifikation:

- ► Unterstützung leisten bei der Einführung eines neuen Buchungsprogramms
- ► Durchführung von Soll-Ist-Vergleichen zu bestimmten Themen und Ableitung entsprechender Maßnahmen
- ► Erstellung und Analyse einer Statistik, gegebenenfalls Ableitung von entsprechenden Maßnahmen
- ► Erweiterung eines Buchungsprogramms durch Verknüpfung mit neuen Zahlungsmitteln (z. B. Paypal)
- ► usw.

 INFO

Übrigens finden Sie in den 3 Infobänden „Kaufleute für Büromanagement" (www.kiehl.de) fachtheoretische Informationen zu den oben genannten Themen. Den Bereich Buchführung finden Sie z. B. in dem Lernfeld 6 im 2. Ausbildungsjahr. Die Kosten- und Leistungsrechnung wird im dritten Ausbildungsjahr im Lernfeld 10 unterrichtet.

2.1.3 Kaufmännische Abläufe in kleinen und mittleren Unternehmen

laufende Buchführung	Entgelt-abrechnung	betriebliche Kalkulation	betriebliche Auswertungen

Diese profilgebende Wahlqualifikation wurde für Unternehmen geschaffen, die keine eigenen Abteilungen für Finanzbuchhaltung und Personal besitzen. In dieser Wahlqualifikation werden sowohl Tätigkeiten im Bereich der Buchführung, als auch im Bereich Entgeltabrechnung, betrieblicher Kalkulation und betrieblicher Auswertung vermittelt.

Konkret bedeutet das für den Bereich laufende Buchführung, dass Sie hier in der Lage sind, Buchungsvorgänge zu bearbeiten, ein Kassenbuch zu führen, Bestands- und Erfolgskonten zu führen, Offene-Posten-Listen zu verwalten, Zahlungsein- und -ausgänge zu überwachen, Maßnahmen einzuleiten, bei Zahlungsverzug und am Jahresabschluss buchhalterisch mitzuwirken.

Im Bereich der Entgeltabrechnung sind Sie in der Lage, Personalstammdaten zu erfassen und zu pflegen. Außerdem können Sie Daten, die für die Entgeltabrech- nung erforderlich sind, erfassen und bearbeiten. Auszahlungsbeträge ermitteln Sie unter Berücksichtigung geltender steuer-, sozial- und tarifrechtlicher Bestim- mungen. Außerdem können Sie notwendige Unterlagen zum Monats- und Jahres- abschluss erstellen.

Kosten verursachungsgerecht zuordnen, Angebotskalkulation unter Berücksich- tigung der Kosten und Marktchancen und auftragsbezogenes Kostencontrolling gehören in den Bereich der betrieblichen Kalkulation. Hierzu zählen außerdem das Anwenden von Verfahren der Voll- und Teilkostenrechnung und die Unterneh- menserfolgsermittlung durch Nachkalkulation.

Eine weitere Aufgabe in dieser profilgebenden Wahlqualifikation ist das Durch- führen betrieblicher Auswertungen. Hierbei helfen Sie bei der Ermittlung der Unternehmensertragslage, können Statistiken erstellen und Plan-Ist-Vergleiche durchführen. Außerdem sind Sie in der Lage, betriebliche Kennzahlen zu beurtei- len und diese für unternehmerische Entscheidungen aufzubereiten.

Beispiele

Reportthemen aus dieser Wahlqualifikation:

► Durchführung von Soll-Ist-Vergleichen zu bestimmten Themen und Ableitung von Maßnahmen

► Erstellung und Analyse einer Statistik, ggf. Maßnahmen ableiten

► Unterstützung einer Ausschreibung durch Angebotskalkulation

► Unterstützung bei der Einführung eines neuen Zeitsystems

► Einführung eines Mahnwesens im Unternehmen

► usw.

INFO

Übrigens finden Sie in den 3 Infobänden „Kaufleute für Büromanagement" (www.kiehl.de) fachtheoretische Informationen zu den oben genannten Themen. Den Bereich Buchführung finden Sie z. B. in dem Lernfeld 6 im 2. Ausbildungs-jahr. Die Kosten- und Leistungsrechnung wird im dritten Ausbildungsjahr im Lern-feld 10 unterrichtet.

2.1.4 Einkauf und Logistik

| Bedarfs-ermittlung | operativer Einkaufsprozess | strategischer Einkaufsprozess | Lagerwirtschaft |

Im Rahmen dieser profilgebenden Wahlqualifikation erlernen Sie in Ihrem Aus-bildungsbetrieb, wie Sie den Bedarf an Produkten und Dienstleistungen in Ihrem Unternehmen feststellen. Sie lernen außerdem, wie Sie Mengen und Termine sinnvoll disponieren. Außerdem lernen Sie interne Einkaufsrichtlinien und Rah-menverträge kennen und wissen, wie die betriebliche Complience eingehalten wird. Sie ermitteln und analysieren Bezugsquellen und treffen eine Vorauswahl der Lieferanten. Außerdem sind Sie in der Lage, Angebote einzuholen und zu ver-gleichen. Sie können Bestellungen durchführen, Auftragsbestätigungen mit der Bestellung vergleichen und sind in der Lage, bei Abweichungen Lösungen zu ver-einbaren. Außerdem überwachen Sie die Vertragserfüllung und können Maßnah-men bei Vertragsstörungen einleiten.

Sie unterstützen Ihren Ausbilder/Ihre Ausbilderin oder Ihre betriebliche Fachkraft bei den Verhandlungen von Einkaufskonditionen und können dafür Lieferanten-informationen erfassen und für Entscheidungen aufbereiten. Ebenso wirken Sie bei der Erstellung von Rahmenverträgen mit. Sie sind in der Lage, die Prozesse im Einkauf zu reflektieren und Verbesserungsvorschläge zu erbringen.

Im Bereich der Lagerwirtschaft können Sie unterschiedliche Systeme der Lager-haltung miteinander vergleichen und das von Ihrem Ausbildungsbetrieb genutzte Lagersystem bei logistischen Abläufen berücksichtigen. Sie können den Warenein-gang prüfen, Mängelbeseitigungen veranlassen, Bestände erfassen, kontrollieren und bewerten.

Beispiele

Reportthemen aus dieser Wahlqualifikation:

► Durchführen von Bedarfsermittlungen mit ausführlichem Angebotsvergleich

► Analyse und Verbesserung des Lagersystems

► usw.

 INFO

Übrigens finden Sie in den 3 Infobänden „Kaufleute für Büromanagement" (www.kiehl.de) fachtheoretische Informationen zu den oben genannten Themen. Die Inhalte dieser Wahlqualifikation werden hauptsächlich im ersten Ausbildungsjahr im Lernfeld 3 und 4 unterrichtet.

2.1.5 Marketing und Vertrieb

Marketingaktivitäten	Vertrieb von Produkten und Dienstleistungen	Kundenbindung

In dieser Wahlqualifikation lernen Sie, wie man Instrumente zur Marktbeobachtung und -analyse nutzen kann und dabei sowohl Mitbewerber, als auch Marktentwicklung beachtet. Außerdem sind Sie an der Entwicklung von Marketingmaßnahmen beteiligt. Sie planen und organisieren Ressourcen und ermitteln die notwendigen Kosten.

Marketingmaßnahmen unterstützen Sie bei der Durchführung. Außerdem sind Sie in der Lage, Ihre Maßnahmen entsprechend zu dokumentieren. Sie überwachen die notwendigen Marketingmaßnahmen hinsichtlich Zeit, Wirtschaftlichkeit und Qualität und steuern gegebenenfalls nach. In der Evaluation der Marketingaktivitäten stellen Sie die Wirkung der Maßnahmen fest und leiten gegebenenfalls Verbesserungsvorschläge ab.

Im Bereich Vertrieb sind Sie in der Lage, Kundendaten und -informationen zielgerichtet zu nutzen und entsprechende Vertriebsformen zu berücksichtigen. Sie analysieren die Situation des Kunden, stellen dessen Bedarf fest und entwickeln kundengerechte Lösungsvorschläge. Sie können dem Kunden entsprechende Angebote unterbreiten und unter Umständen Finanzierungsmöglichkeiten erläutern. Sie bereiten Verträge bzw. Vertragsverhandlungen vor und wirken an

entsprechenden Abschlüssen mit. Außerdem überwachen Sie die Erfüllung der Verträge und leiten ggf. Maßnahmen ein.

Kundenbeziehungen gestalten Sie unter Berücksichtigung betrieblicher Vorgaben und setzen Maßnahmen der Kundenbindung und -betreuung um. Sie können Beschwerden fachmännisch entgegennehmen und entsprechende Maßnahmen des Beschwerdemanagements einleiten. Sie sind in der Lage, die Zufriedenheit Ihrer Kunden mit entsprechenden Instrumenten zu ermitteln und Maßnahmen vorzuschlagen.

Beispiele

Reportthemen aus dieser Wahlqualifikation:

- ▸ Planung, Durchführung und Evaluation einer Verkaufsaktion
- ▸ Erarbeitung eines individuellen Angebots über ein Produkt/eine Dienstleistung für einen (größeren) Kunden
- ▸ Durchführung einer Kundenumfrage
- ▸ Planung, Durchführung und Evaluation eines Messeauftritts oder Tags der offenen Tür
- ▸ Analyse und Optimierung des Beschwerdemanagements
- ▸ usw.

 INFO

Übrigens finden Sie in den 3 Infobänden „Kaufleute für Büromanagement" (www.kiehl.de) fachtheoretische Informationen zu den oben genannten Themen. Die Inhalte dieser Wahlqualifikation werden hauptsächlich im zweiten Ausbildungsjahr im Lernfeld 5 unterrichtet.

2.1.6 Personalwirtschaft

Personal-sachbearbeitung	Personalbeschaffung und -entwicklung

In dieser profilgebenden Wahlqualifikation lernen Sie alles rund um die Personalabteilung. Sie beschäftigen sich unter anderem mit rechtlichen Vorgaben aus unterschiedlichen Beschäftigungs- und Dienstverhältnissen. Außerdem verwalten Sie Personalakten unter Berücksichtigung des Datenschutzes und der Datensicherheit. Sie bearbeiten Vorgänge im Zusammenhang mit Entgelten oder Bezügen und Arbeits- und Fehlzeiten. Sie sind in der Lage, entsprechende Auskünfte, die im Zusammenhang mit Personalverwaltung stehen, zu geben. Das Führen und Auswerten von Personalstatistiken ist eine weitere Aufgabe aus diesem Bereich.

Ihnen sind alle Informations-, Mitwirkungs- und Mitbestimmungsrechte im Zusammenhang mit der Personalsachbearbeitung bekannt und Sie sind in der Lage, bei Einstellungen und personellen Veränderungen entsprechend erforderliche Meldungen zu veranlassen, Verträge vorzubereiten und Dokumente zu erstellen.

Im Bereich der Personalbeschaffung und -entwicklung können Sie die Sachbearbeiter/innen bei der Personalbedarfsermittlung unterstützen. Sie wirken am Personalbeschaffungsprozess, insbesondere bei der Stellenausschreibung, dem Auswahlverfahren und der Entscheidungsfindung bei der Einstellung mit.

Im Bereich der Personalentwicklung sind Sie n der Lage, Maßnahmen im Rahmen der Aus- und Weiterbildung zu organisieren.

Sie unterstützen außerdem die betriebliche Gesundheitsförderung. Weiterhin sind Sie in der Lage, die von Ihnen durchgeführten Maßnahmen im Bereich Personalentwicklung und -beschaffung zu reflektieren und Verbesserungsvorschläge zu entwickeln.

Beispiele

Reportthemen aus dieser Wahlqualifikation:

► Erstellung und Auswertung von Personalstatistiken und Ableiten von Verbesserungsvorschlägen

► Planung, Durchführung und Auswertung eines Einstellungsverfahrens

► Durchführen einer Personalbedarfsermittlung unter Berücksichtigung von Anforderungsprofilen

► Analysieren einer Weiterbildungsmaßnahme und Ableitung von Verbesserungsvorschlägen.

INFO

Übrigens finden Sie in den 3 Infobänden „Kaufleute für Büromanagement" (www.kiehl.de) fachtheoretische Informationen zu den oben genannten Themen. Die Inhalte dieser Wahlqualifikation werden hauptsächlich im zweiten Ausbildungsjahr im Lernfeld 8 unterrichtet.

2.1.7 Assistenz und Sekretariat

Sekretariats-führung	Termin-koordination	Korrespondenz-bearbeitung	Organisation von Veranstaltungen	Dienstreise-management

Die profilgebende Wahlqualifikation Assistenz und Sekretariat ist eine der häufigsten Wahlqualifikationen, die in diesem Berufsbild ausgewählt wird. In dieser Wahlqualifikation beweisen Sie, dass Sie über Methoden des Selbstmanagements zur Optimierung von Büroorganisation und Arbeitsabläufen verfügen. Weiterhin unterstützen Sie die Kommunikation zwischen unterschiedlichen Personengruppen und entscheiden über die Prioritäten unterschiedlicher Anliegen und Interessen. Sie gestalten die Kommunikation situationsgerecht, berücksichtigen dabei unterschiedliche Anliegen und entwickeln ein eigenes Rollenverständnis.

Außerdem sind Sie in der Lage, kleinere Projekte eigenverantwortlich zu leiten. Dazu zählt die Planung, Durchführung, Dokumentation, Kontrolle und Bewertung der Projekte.

Termine koordinieren und überwachen Sie selbstständig. Sie steuern außerdem die Wiedervorlage von Terminen. Informationen und Arbeitsergebnisse fordern Sie nicht nur termingerecht ein, sondern stellen sie auch zeitnah zur Verfügung. Darüber hinaus gelingt es Ihnen, Informationen und Dokumente inhaltlich zusammenzustellen.

Sie sind in der Lage, über die Dringlichkeit von Informationen und Dokumenten zu entscheiden, sowie deren Weiterleitung zu veranlassen. Außerdem führen Sie die Geschäftskorrespondenz nach aktuellen Standards.

Sie können Geschäftsreisen organisieren, nachbereiten und abrechnen. Ebenso fällt es Ihnen leicht, Veranstaltungen entsprechend zu organisieren, zu begleiten und nachzubereiten. Unterlagen stellen Sie zusammen und bereiten Sie entsprechend auf.

Beispiele

Reportthemen aus dieser Wahlqualifikation:

- ► Planung, Kontrolle und Durchführung von Kleinprojekten
- ► Einführung eines neuen Terminsystems
- ► Erstellen eines Texthandbuches für Textbausteine
- ► Reiseplanung für eine Geschäftsreise
- ► Veranstaltungsplanung
- ► Optimierung des Dienstreisemanagements
- ► Einführung einer allgemeinverbindlichen Reiserichtlinie
- ► usw.

 INFO

Übrigens finden Sie in den 3 Infobänden „Kaufeute für Büromanagement" (www.kiehl.de) fachtheoretische Informationen zu den oben genannten Themen. Die Inhalte dieser Wahlqualifikation werden hauptsächlich im ersten Ausbildungsjahr im Lernfeld 2 und im dritten Ausbildungsjahr in den Lernfeldern 12 und 13 unterrichtet.

2.1.8 Öffentlichkeitsarbeit und Veranstaltungsmanagement

Öffentlichkeits-arbeit	Veranstaltungs-management

In dieser profilgebenden Wahlqualifikation finden sich die wenigsten Auszubildenden wieder, da dieser Bereich in anderen Berufsbildern besser abgedeckt wird. In größeren Unternehmen ist es jedoch unter Umständen sinnvoll, Auszubildende im Berufsbild Kaufleute für Büromanagement in entsprechenden Abteilungen dieser Wahlqualifikation einzusetzen.

Hier lernen Sie die Maßnahmen der Öffentlichkeitsarbeit Ihres Ausbildungsbetriebes zu analysieren. Sie wirken an der Entwicklung von Maßnahmen zur Öffentlichkeitsarbeit mit. Dabei berücksichtigen Sie Ziele, Zielgruppen und unterschiedliche Medien. Sie planen und organisieren die Umsetzung dieser Maßnahmen. Außerdem helfen Sie, die Maßnahmen entsprechend zu analysieren und zu bewerten.

Im Bereich Veranstaltungsmanagement wirken Sie bei der Planung von Veranstaltungen mit. Sie helfen bei der Ressourcenkalkulation, räumlichen Organisation und Ausstattung und beachten dabei wirtschaftliche, rechtliche und ökologische Aspekte.

Sie erarbeiten Einladungen und Teilnehmerunterlagen und unterstützen Teilnehmer bei organisatorischen Problemen und Anfragen. Außerdem koordinieren und überwachen Sie unterschiedliche Prozesse mit Dienstleistern, halten dabei betriebliche Compliance ein und leiten bei Abweichungen Maßnahmen ein.

Beispiele

Reportthemen aus dieser Wahlqualifikation:

- ► Planung von größeren Veranstaltungen mit externen Teilnehmern
- ► Analyse der Wirksamkeit von Öffentlichkeitsarbeit im Ausbildungsbetrieb und Ableitung von Maßnahmen
- ► Planung einer erstmaligen Veranstaltung für die Mitarbeiter des Unternehmens unter Berücksichtigung kalkulatorischer und zeitlicher Rahmenbedingungen
- ► Aufbau und Pflege von regionalen und überregionalen Pressekontakten
- ► usw.

 INFO

Übrigens finden Sie in den Infobänden 1-3 für die „Kaufleute für Büromanagement" (www.kiehl.de) fachtheoretische Informationen zu den oben genannten Themen. Die Inhalte dieser Wahlqualifikation werden hauptsächlich im zweiten Ausbildungsjahr im Lernfeld 5 und im dritten Ausbildungsjahr im Lernfeld 12 unterrichtet.

2.1.9 Verwaltung und Recht

Die profilgebende Wahlqualifikation Verwaltung und Recht wird insbesondere in Behörden ausgewählt. Früher wurden in diesem Bereich die Fachangestellten für Bürokommunikation ausgebildet.

Sie lernen hier, Kunden und Bürger im Umgang mit der Verwaltung situationsgerecht zu unterstützen und auf sachgerechte Antragsstellung hinzuwirken. Außerdem zeigen Sie Kunden und Bürgern nachvollziehbar die Möglichkeiten entsprechender Aufgabenerledigungen auf. Sie gestalten damit den Verwaltungsprozess transparent.

Sie sind zusätzlich in der Lage, gültige Rechtsgrundlagen bei der Wahrnehmung von Fachaufgaben anzuwenden.

Außerdem können Sie Verwaltungsakte entwerfen und deren Bekanntgabe veranlassen. Sie nehmen Widersprüche, Einsprüche und Beschwerden entgegen, prüfen deren Form und Frist und leiten sie entsprechend weiter.

Sie können Vorgänge nach rechtlichen und behördlichen Vorschriften dokumentieren, Bearbeitungsprozesse analysieren und Verbesserungen ableiten.

Beispiele

Reportthemen aus dieser Wahlqualifikation:

- ▶ Ein neues Antragsverfahren für Pässe wird eingeführt und soll den Bürgern nähergebracht werden.
- ▶ Erstellung von Bescheiden für Straßenausbaubeiträge
- ▶ Evaluation und Neuberechnung von Kindergartenbeiträgen
- ▶ usw.

2.1.10 Öffentliche Finanzwirtschaft

Auch diese profilgebende Wahlqualifikation wird, wie die vorherige, ausschließlich in Behörden oder der öffentlichen Verwaltung angeboten.

Sie erlernen hier die rechtlichen Grundlagen des öffentlichen Haushalts der ausbildenden Stelle unter Berücksichtigung des Haushalts- oder Wirtschaftsplans. Außerdem können Sie Haushaltsgrundsätze bei der Mittelbewirtschaftung anwenden. Sie wirken am Verfahren zur Aufstellung des Haushalts- oder Wirtschaftsplans mit und berücksichtigen dabei die Anforderungen der Haushaltsaufsicht und Haushaltskontrolle.

Im Haushalts- und Kassenwesen sind Sie in der Lage, Geschäftsvorgänge zuzuordnen und Buchungen vorzubereiten. Sie können bei der Mittelbedarfsberechnung im Rahmen der Haushaltsführung mitwirken. Gebuchte Einnahmen, Ausgaben, Erträge und Aufwendungen ermitteln Sie und können Sie entsprechend hochrechnen. Außerdem erstellen Sie Übersichten für Mittelzuflüsse und Mittelabflüsse, überwachen diese und leiten sie entsprechend weiter.

Sie können die Voraussetzungen für Stundungen, Niederschlagungen und den Erlass von Forderungen prüfen und Unterlagen für den Jahresabschluss zusammenstellen.

Beispiele

Beispiele für Reportthemen aus dieser Wahlqualifikation:

- ► Vorbereitung einer Stundung
- ► Erstellung eines Haushaltsplans mit Anlagen
- ► Erstellung von Hundesteuerbescheiden oder Grundsteuerbescheiden
- ► Durchführung eines Jahreskassenabschlusses
- ► usw.

2.2 Welche Aufgabe eignet sich für einen Report?

Im Rahmen dieser Wahlqualifikationen haben Sie zur Abschlussprüfung die Aufgabe, für jede Wahlqualifikation einen Report zu verfassen und einzureichen. Dazu müssen Sie inhaltlich diese zwei Wahlqualifikationen mindestens fünf Monate durchlaufen haben und in dem Bereich auch entsprechende Tätigkeiten ausgeführt haben. Für einen Report eignet sich nicht grundsätzlich jede Aufgabe. Standardtätigkeiten sind von der Reportvariante ausgeschlossen, da Sie in Ihrer Abschlussprüfung unter Beweis stellen sollen, dass Sie in der Lage sind:

- ► die Aufgabe in ihrer Fülle zu erfassen und zu verstehen
- ► Lösungswege zu entwickeln (diese müssen auch abgewogen und begründet werden)
- ► Ihre Lösung zu bewerten
- ► kunden- und serviceorientiert zu handeln (dazu müssen Schnittstellen mit anderen Personen vorhanden sein)
- ► wirtschaftliche, ökologische und rechtliche Zusammenhänge zu beachten
- ► Kommunikations- und Kooperationsbedingungen zu berücksichtigen.

nicht geeignet	geeignet
Nicht geeignet sind Aufgaben, die keinerlei Entscheidungsspielraum beinhalten und in denen ein Bearbeitungsschritt auf den nächsten folgt:	Geeignet sind komplexe Aufgaben, die nach jedem Bearbeitungsschritt wieder Entscheidungen erfordern.
► Erfassen von Kundendaten	► Vergleichen und Auswerten von neuen Angeboten
► Schreiben eines Protokolls	► Entscheidungen mit Handlungsalternativen vorbereiten
► Eingabe eines Routineauftrags	
► Buchen einer Reise nach vorgegebenen Kriterien	► Planen und Durchführen von Prozessen
► Entgegennehmen eines Anrufes	► Ermittlung neuer Anforderungen
► Ablegen von Dokumenten	
► Anlegen von Akten	

Das bedeutet, dass das Ausführen immer wiederkehrender und eingeübter Tätigkeiten für Sie diese Fülle an Anforderungen ja gar nicht bereithalten kann.

Ob diese Tätigkeiten für einen Report geeignet sind, lässt sich mithilfe der folgenden Checkliste[1] einfach klären:

	Fragestellung	
Berufs- und Betriebsbezug	Hat die Fachaufgabe einen Bezug zu den Ausbildungsinhalten?	👍
	Werden mehrere Lernziele der gewählten Qualifikationseinheit abgedeckt?	👍
	Erfordert die betriebliche Fachaufgabe einen Lösungsprozess?	👍
	Wird mindestens ein Teil eines realen Geschäftsprozesses abgebildet?	👍
Abbildung einer vollständigen beruflichen Handlung	Erfolgt eine Planung, Durchführung und Auswertung?	👍
	Kann der Auszubildende berufliche Handlungsfähigkeit unter Beweis stellen?	👍
	Handelt es sich bei der Aufgabe um keine Routinearbeit und somit um eine Herausforderung für den Auszubildenden? (Beispiele für Herausforderungen sind veränderte Bedingungen, Auftreten von Schwierigkeiten etc.)	👍
	Muss der Auszubildende Informationen recherchieren, um die Aufgabe zu lösen?	👍

[1] Diese Checkliste finden Sie auch in mein**kiehl** zum Download.

	Fragestellung	
	Müssen unterschiedliche Schnittstellen berücksichtigt werden, um die Aufgabe zu lösen? (Beispiele für Schnittstellen können Kunden, Kollegen, Lieferanten, Betriebsrat, Geschäftsleitung etc. sein.)	👍
Gestaltungsspielraum	Hat der Auszubildende gewisse organisatorische Freiheitsgrade oder eigene Verantwortungs- und Entscheidungsspielräume?	👍
	Gibt es alternative Lösungswege und Vorgehensweisen?	👍
Auswertbarkeit	Ermöglichen die Ergebnisse der Fachaufgabe eine Bewertung?	👍
	Besteht die Möglichkeit, dass der Auszubildende die Aufgabe reflektieren kann?	👍
	Kann der Auszubildende Verbesserungsvorschläge ableiten?	👍

 RECHTSGRUNDLAGEN

Auszug aus der Verordnung über die Berufsausbildung zum Kaufmann für Büromanagement/zur Kauffrau für Büromanagement (Dezember 2013); BüroMKfAusbV

§ 7 Abschlussprüfung

(5) Für den Prüfungsbereich „Fachaufgabe in der Wahlqualifikation" bestehen folgende Vorgaben:

1. Der Prüfling soll nachweisen, dass er in der Lage ist,

   a) berufstypische Aufgabenstellungen zu erfassen, Probleme und Vorgehensweisen zu erörtern sowie Lösungswege zu entwickeln, zu begründen und zu reflektieren,

   b) kunden- und serviceorientiert zu handeln,

   c) betriebspraktische Aufgaben unter Berücksichtigung wirtschaftlicher, ökologischer und rechtlicher Zusammenhänge zu planen, durchzuführen und auszuwerten sowie

   d) Kommunikations- und Kooperationsbedingungen zu berücksichtigen.

Die Abgabe der fertigen Reporte erfolgt spätestens am ersten Tag Ihrer schriftlichen Abschlussprüfung. Bis dahin sollten Sie in jeder Wahlqualifikation das entsprechende Thema bearbeitet haben. Für einen dieser Reporte wird sich dann der Prüfungsausschuss entscheiden und mit Ihnen die Prüfung ausgehend von diesem Report durchführen.

 TIPP

Es ist sinnvoll, die Reporte sofort zu schreiben, wenn Sie die entsprechende Aufgabe erledigt haben und nicht unbedingt länger damit zu warten. Denn dann sind Ihre Erinnerungen noch frisch und die Reflexion des Erlebten fällt Ihnen deutlich leichter.

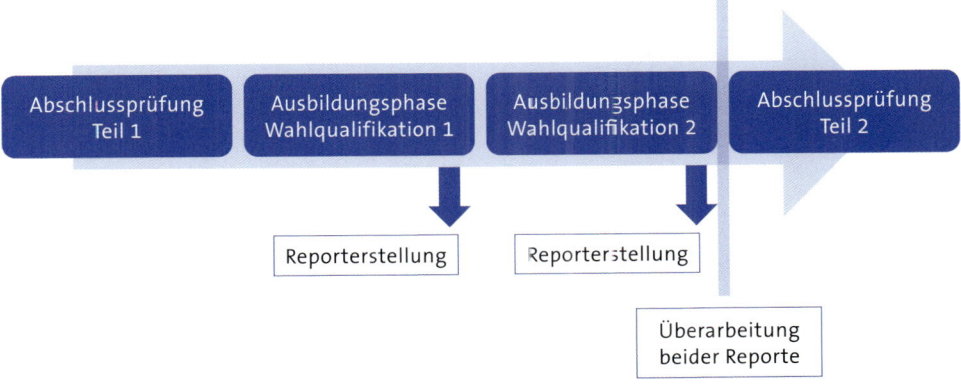

Abbildung: Wann sollten die Reporte erstellt werden?

2.3 Wie können Ausbilder den Auszubildenden den Arbeitsauftrag nachvollziehbar erteilen?

Oft ist es für Ausbilder und Auszubildende gleichermaßen schwierig, den Arbeitsauftrag so zu formulieren, dass beide Seiten nachvollziehbar damit arbeiten können. Da es sich bei der Reportaufgabe um eine Art „Projekt" handelt, ist es empfehlenswert, den Auszubildenden einen „Projektauftrag" zu schreiben. Nachfolgend ist ein Muster abgebildet.

Aufgabenstellung für die Praxisbezogene Fachaufgabe

Name:	Jeannette Musterfrau
Wahlqualifikation:	Öffentlichkeitsarbeit und Veranstaltungsmanagement

Szenario:
Die Lecker Essen GmbH in Hünfeld beschäftigt ca. 6.000 Mitarbeiter und bildet jährlich ca. 30 Auszubildende in den Berufen Einzelhandel, Groß- und Außenhandel sowie Büromanagement aus. Um den Teamzusammenhalt berufsübergreifend zu stärken, findet jährlich eine Kennenlern-fahrt statt.
Ereignis:
Die Kennenlernfahrt soll in diesem Jahr erstmals mehrtägig sein. Ein Pro-Kopf-Budget von 130 € steht zur Verfügung.
Aufgabenstellung:
Planen Sie die Kennenlernfahrt für die neuen Auszubildenden und unterstützen Sie die Ausbilder bei der Durchführung der Fahrt. Dokumentieren Sie alle Ihre Arbeitsschritte und reflektieren Sie Ihr Ergebnis am Ende. Achten Sie dabei darauf, dass Modell der vollständigen Handlung einzuhalten!
Ziele:
▸ Vermittlung aller wichtigen Grundlagen zu Beginn der Ausbildung ▸ Förderung des Teamgedankens ▸ Gegenseitiges Kennenlernen der Ausbilder und Auszubildenden

3. Das Abbilden einer vollständigen Handlung

Um die geforderte berufliche Handlungskompetenz zu fördern und nachhaltig anzulegen, ist es notwendig, in ganzheitlichen und handlungsorientierten Modellen zu lernen. Für das Abbilden einer vollständigen Handlung können Sie sich an zwei Modellen orientieren, die prinzipiell inhaltlich gleich sind.

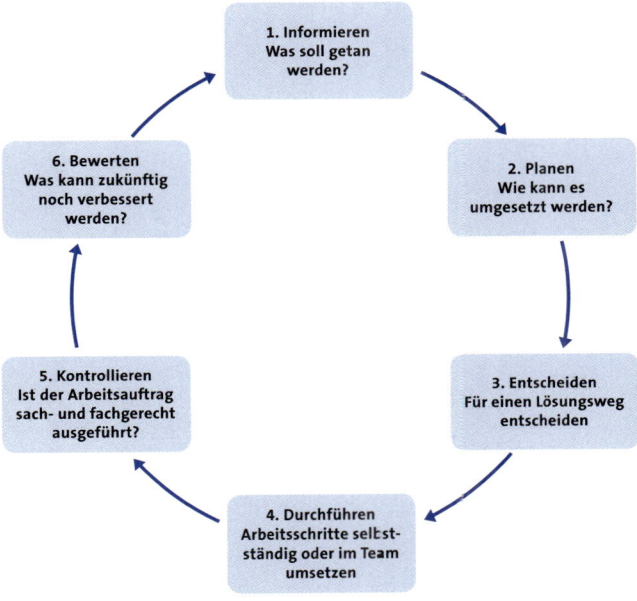

Modell der vollständigen Handlung

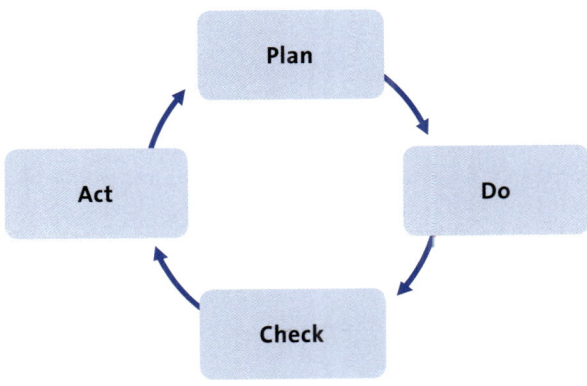

PDCA-Modell

Grundsätzlich dienen beide Modelle einer bewussteren Vorgehensweise beim Ausführen von Tätigkeiten. Da das PDCA-Modell im Modell der vollständigen Handlung impliziert ist, wird im Folgenden nur auf das Modell der vollständigen Handlung eingegangen.

Stufe	Inhalt
Informieren	Beim Informieren ist es wichtig, dass Sie sich zunächst darüber klarwerden ▸ was getan werden soll ▸ welche Schnittstellen berücksichtigt werden sollen ▸ ggf. welches Budget zur Verfügung steht ▸ usw. Sie müssen dazu in der Lage sein, sich selbstständig notwendige Informationen zu besorgen und diese evtl. entsprechend aufzuarbeiten.
Planen	In dieser Stufe überlegen Sie sich nun konkret, wie Sie vorgehen werden. Sie entwickeln möglicherweise unterschiedliche Lösungsansätze und wägen diese miteinander ab. Sie entscheiden, in welcher Reihenfolge Sie vorgehen wollen und wie Sie sicherstellen, dass Sie Ihr Ziel erreichen. Möglicherweise entwickeln Sie in dieser Phase auch Kontrollinstrumente, die Ihnen die Zielüberprüfung erleichtern. Ihre Zeitressourcen lassen Sie dabei auf gar keinen Fall außer Acht.
Entscheiden	In dieser Phase entscheiden Sie sich nun für eine Vorgehensweise. Sinnvoll ist es, wenn Sie dieses Vorgehen auch mit Ihrem Ausbilder oder Ihrer Ausbilderin besprechen und begründen, ob der Lösungsweg zielführend ist.
Ausführen	In dieser Stufe führen Sie die entsprechenden Tätigkeiten aus. Achten Sie dabei auf die Einhaltung wirtschaftlicher, rechtlicher und ökologischer Aspekte! Dokumentieren Sie Ihre Schritte, damit Sie im Nachhinein besser nachvollziehen können, an welcher Stelle Verbesserungsbedarf besteht.
Kontrollieren	In dieser Phase ist Ihre Tätigkeit wahrscheinlich abgeschlossen, es schadet aber auch nicht, die Kontrollphase immer wieder mal in die Ausführungsphase einfließen zu lassen. Nutzen Sie in dieser Phase Checklisten oder Soll-Ist-Vergleiche und die Kriterien, die Sie in der Planungsphase festgelegt haben. Diese Phase ist für Ihren Report wichtig, da Sie hier Entwicklungspotenzial feststellen können.
Bewerten	In der letzten Phase ist es sinnvoll, Ihren Ausbilder oder Ihre Ausbilderin zur Bewertung und Reflexion der Ergebnisse hinzuzuziehen. Fragen Sie sich: ▸ Wie sieht das Ergebnis aus? ▸ Was war gut? ▸ Was sollte beim nächsten Mal verbessert werden? ▸ Welche Selbsteinschätzung geben Sie? ▸ Welche Einschätzung hat Ihr Ausbilder gegeben?

4. Die berufliche Handlungskompetenz

Der durchdachte Umgang mit diesem Modell fördert das Entwickeln einer beruf-
lichen Handlungskompetenz im besonderen Maße.

Die Handlungskompetenz unterteilt sich in:

Fachkompetenz	▸ Zusammenhänge erkennen ▸ Fachwissen anwenden ▸ Normen und Vorschriften erkennen und anwenden
Methodenkompetenz	▸ Arbeitsziele erkennen ▸ Zusammenhänge herstellen ▸ Alternativen finden und bewerten ▸ neue Kenntnisse, Fertigkeiten und Methoden selbst aneignen können
Sozialkompetenz	▸ in Teams arbeiten ▸ Wünsche, Erwartungen und Einstellungen von Mitarbeitern und Kunden wahrnehmen ▸ Informationen austauschen ▸ aktives Zuhören ▸ offenes Ansprechen eigener Gefühle ▸ Kompromissbereitschaft ▸ respektvoller Umgang mit anderen Menschen ▸ Empathie (Einfühlungsvermögen) ▸ interkulturelle Aspekte
Persönliche Kompetenz/ Selbstkompetenz	▸ Zeitmanagement ▸ Stressmanagement ▸ Selbstmotivation ▸ Selbstbewusstsein ▸ Offenheit für Veränderungen ▸ Selbstreflexion ▸ Selbstkritik

Fachkompetenz
+ Methodenkompetenz
+ Soziale Kompetenz
+ Persönliche Kompetenz
= Handlungskompetenz

Die Summe dieser Kompetenzen nennt man Handlungskompetenz. Ziel Ihrer Aus-bildung ist es, die (berufliche) Handlungsfähigkeit zu entwickeln. Dazu gehört, dass Sie als Auszubildende Ihre Handlungen selbstständig planen, erarbeiten und kontrollieren können. Eine besondere Bedeutung erhält mit der neuartigen Prüfung Ihre Reflexionsfähigkeit. Das bedeutet, dass Sie ableiten können, welche Konsequenzen Ihre Aktivitäten für Sie, die Kunden, die Kolleginnen und Kollegen, die Arbeitssicherheit, die Kosten, die Umwelt, die Produktqualität und Dienstleis-tungsqualität haben.

5. Von der Idee zum fertigen Report

5.1 Formale Aspekte

Für die Erstellung des Reports gibt es einige Vorgaben und Hinweise, die Sie beachten sollten.

- Die Seitenanzahl sollte maximal drei Seiten betragen.
- Das Format sollte DIN A4 sein.
- Zusätzlich zu Ihrem Report dürfen Sie ein Deckblatt erstellen. Dieses Deckblatt kann beispielsweise Ihren Namen, Ihre Prüflingsnummer, die Angabe der Wahlqualifikation sowie die Aufgabenstellung enthalten.
- Als Schriftart und Schriftgröße eignet sich Arial 12 pt.
- Der Zeilenabstand sollte 1,5-zeilig eingestellt sein.
- Das Dokument sollte rechts und links einen Rand von jeweils 2,5 cm haben.
- Sie können die Kopf- oder Fußzeile nutzen. Geben Sie beispielsweise in der Kopfzeile die Wahlqualifikation und die Aufgabenstellung an und nutzen Sie die Fußzeile, um dort noch einmal Ihren Namen und eine fortlaufende Seitennummerierung anzugeben.
- Der Report darf keinerlei Anlagen enthalten.

Die Einhaltung der formalen Aspekte ermöglicht ein besonders übersichtliches Dokument, welches leicht erfasst werden kann.

5.2 Inhaltliche Aspekte

Natürlich gibt es auch für den Inhalt einige Punkte, an denen Sie sich orientieren sollten. Besonders wichtig ist, dass Sie den Report in Ich-Form verfassen. Schließlich beschreiben Sie eine Aufgabe, die Sie in Ihrem Unternehmen durchgeführt haben und Ihre Vorgehensweise bei der Ausführung. Des Weiteren sollten Sie Ihren Report in folgende Unterpunkte gliedern:

- Aufgabenstellung bzw. Arbeitsauftrag
- Planung
- Durchführung und Begründung der Vorgehensweise
- Berücksichtigung der Rahmenbedingungen und des Gesamtzusammenhangs
- Kontrolle und Bewertung der Ergebnisse.

Diese Punkte können Sie in Ihrem Report als Überschrift bzw. Abschnitt wählen und dann entsprechend der von Ihnen gewählten Aufgabenstellung ausführen und beschreiben.

Ihr Report sollte außerdem in einem professionellen Sprachstil verfasst und fehlerfrei sein. Achten Sie daher auf korrekte Rechtschreibung und Grammatik. In dem Report werden sachliche, klar verständliche Formulierungen von Ihnen erwartet. Vermeiden Sie Schachtelsätze. Auch Abkürzungen, die Sie in Ihrem Unternehmen täglich verwendet haben, gehören nicht in den Report. Schreiben Sie den Begriff entweder aus oder aber erläutern Sie die Abkürzung für den weiteren Gebrauch im Text.

Beispiele

Ich rufe das Warenwirtschaftssystem (WWS) auf. Im WWS muss ich anschließend im Bereich „Produkte" unter dem Reiter „Befestigungsmaterial" nachsehen.

Als nächstes muss ich die Molkereiprodukte (MoPro) erfassen. Dafür kontrolliere ich die Lagerlisten für den Bereich MoPro und gleiche diese mit den Bestelllisten und Rechnungen ab, anschließend wiederhole ich diesen Vorgang für die Lieferungen der Cerealien, der Fertiggerichte sowie für die Tiefkühlwaren (TK).

Sie dürfen in Ihrem Report auch Stichpunkte und Aufzählungen verwenden. Beachten Sie aber, dass Sie dadurch den Ihnen zur Verfügung stehenden Platz von drei DIN A4 Seiten ggf. erheblich einschränken, da Aufzählungen oft viel Platz in Anspruch nehmen.

Grundsätzlich muss der Report bei Einreichung vollständig sein. Achten Sie also darauf, Ihren Bericht sowohl pünktlich einzureichen, als auch bei Einreichung die Endversion einzureichen und in den Online-Bereich hochzuladen. Der Report, den Sie eingereicht haben, wird von den Prüfern gelesen. Zwar wird der Report als solcher nicht bewertet, er sollte dennoch eine Aufgabenstellung vollständig behandeln, da es andernfalls so wirken könnte, als hätten Sie Ihren eigenen Vorgang bzw. die von Ihnen selbst gewählte Aufgabe nicht verstanden.

Empfehlenswert ist es daher, den fertiggeschriebenen Report einen Tag zur Seite zu legen und ihn dann mit etwas Abstand noch einmal zu lesen und ggf. Änderungen vorzunehmen oder fehlende Details einzufügen. Ebenso kann es hilfreich sein, wenn Sie Ihren fertigen Report einmal einer fremden Person geben und Sie bitten, Ihnen die Fragen zu stellen, die sich für diese Person aus Ihrem Report ergeben. So erkennen Sie schnell, ob Ihre Erklärungen auch für betriebsfremde Personen nachvollziehbar sind. Und Sie üben so auch bereits, Fragen zu Ihrem Report zu beantworten und haben dadurch eine weitere Möglichkeit der Vorbereitung auf das Prüfungsgespräch.

In diversen Foren kursieren immer wieder Theorien, dass ein gut geschriebener Report einem schlecht geschriebenen vorgezogen wird. An dieser Stelle ist Vorsicht geboten, da auch bei einem „schlecht" geschriebenen Report letztlich das

Prüfungsgespräch entscheidet. Sollten die Prüfer also den „schlechten" Report wählen, könnten die Fragen, die sie stellen für Sie als Prüfling noch unberechenbarer sein. Es empfiehlt sich also, in die Erarbeitung der Tätigkeit UND den Report die gleiche Energie zu stecken – und zwar bei beiden Reporten.

Übrigens kann das Thema auch durchaus a s „verfehlt" gelten, nämlich dann, wenn die beschriebene Tätigkeit nicht zu der Tätigkeiten aus der Wahlqualifikation passt. Überprüfen Sie also genau, ob die Inhalte der Wahlqualifikation mit Ihrem Thema übereinstimmen (vgl. **>> Kapitel 2.1 In welchen Bereichen kann ein Report verfasst werden?** und Ausbildungsrahmenplan https://www.bibb.de/dienst/berufesuche/de/index_berufesuche.php/profile/apprenticeship/239212, die Verordnung ist unter der Rubrik Rechtsgrundlagen zu finden).

5.3 Die gelungene Reflexion

Im Prinzip ist der Report nichts anderes, als eine ausführliche Reflexion und Auswertung der von Ihnen gelösten Aufgabe. Aber gerade hier liegt die Schwierigkeit, denn Reflexionsfähigkeit wird Ihnen nicht unbedingt in die Wiege gelegt, sondern muss lange trainiert und geübt werden. Ansatzweise lernen Sie Reflexionsfähigkeit bereits in der Schule. Vielleicht mussten Sie schon einmal Lerntagebuch führen?

Wenn nicht, kann Ihnen der folgende Reflexionsbogen[1] helfen, Ihren Arbeitsprozess zu reflektieren. Sie müssen nicht alle Fragen ausführlich beantworten, sollten aber doch wenigstens darüber nachdenken.

Bestandsaufnahme
Wie haben Sie den Arbeitsauftrag verstanden?
Fehlten Ihnen wichtige Informationen? Hätten Sie gerne noch zusätzliche Angaben bekommen? Wenn ja, welche?

---

[1] Diese Notizvorlage finden Sie auch in mein**kiehl** zum Download.

Bestandsaufnahme
Wie geht es Ihnen jetzt, nachdem Sie die Arbeit abgeschlossen haben?
Wie sind Sie denn an diese Aufgabe herangegangen?
Worauf kam es Ihnen bei dieser Aufgabe an? Worin bestand sie Ihrer Meinung nach? Wie haben Sie angefangen?
Wie wollten Sie den Auftrag lösen? Wie viele Ideen hatten Sie? Welche?
Was war Ihres Erachtens schwierig an der Aufgabe? Was war neu für Sie? Wo waren Ungewiss-heiten in der Aufgabe?
Welche Entscheidungen mussten Sie treffen? Können Sie sagen, warum Sie sich für diese Lösung entschieden haben? Warum haben Sie die anderen Gedankengänge verworfen?

Ergebnisauswertung
Stimmt das Ergebnis mit der Aufgabenstellung für Sie überein? Wie werten Sie selber das Arbeitsergebnis?
Was hat Ihnen an der Arbeit Spaß gemacht?
Welche Irrtümer oder Fehlentscheidungen sind Ihnen passiert?
Wie konnten Sie die Sache korrigieren/retten?
Was würden Sie beim nächsten Mal anders machen? Was kann man noch verbessern?
Was ist noch unverständlich geblieben? Was wollten Sie noch von Ihrem Ausbilder wissen?

Reflexion des Lernertrags
Wo konnten Sie Erfolge verbuchen?
Was konnten Sie für sich daraus lernen?
Welche Fragen sind noch offengeblieben?
Wo fühlen Sie sich jetzt noch unsicher?
Was wollen Sie sich für die nächste Aufgabe vornehmen?
Welche Arbeiten wollen und könnten Sie als nächstes übernehmen?
Welche Unterstützung benötigen Sie noch von Ihrem Ausbilder oder Ihren Kolleginnen und Kollegen im Unternehmen?

5.4 Die Gliederung des Reports

Die Erstellung des Reports hat sowohl für Sie als Prüfling als auch für die Prüfer einige Vorteile. Zunächst einmal sollte es einen großen Vorteil für Sie darstellen, dass Sie grundsätzlich Ihre Ausbildung innerhalb von drei Jahren (oder bei verkürzter Ausbildung innerhalb von zwei Jahren) erlebt haben. Im Rahmen dieser Ausbildung haben Sie womöglich verschiedene Abteilungen, in jedem Fall aber verschiedene und vielfältige Aufgaben wahrgenommen. Indem Sie sich nun eine dieser vielen Aufgaben, die Sie in den letzten drei Jahren ausgeführt haben, aussuchen und diese in einem Report näher erläutern beleuchten Sie die Aufgabe noch einmal ganz konkret.

Das Gute daran ist: Sie selbst wissen am besten, wie der Ablauf in Ihrem Unternehmen für diese Aufgabe war, welche Schwierigkeiten es bei der Durchführung vielleicht zu bewältigen gab oder welche Feinheiten und Details beachtet werden mussten. Sie können sich also auf Ihre Erfahrung und auf Ihr Wissen verlassen. Letztlich wissen Sie selbst am besten, wie welcher Ablauf in Ihrem Unternehmen genau war und warum welche Aufgaben in welchem regelmäßigen Turnus notwendig waren. Das soll nicht heißen, dass sich der Prüfungsausschuss in Ihrem Bereich überhaupt nicht auskennt und Ihnen ohne zu hinterfragen jegliche Information einfach glauben wird. Er wird jedoch respektieren, dass sich Abläufe in Unternehmen durchaus in einigen Punkten unterscheiden können. Das sollte Ihnen die notwendige Sicherheit geben, dass eine Aufgabe von Ihnen so beschrieben werden kann, wie Sie sie im Unternehmen durchgeführt haben.

Sollten Sie eine Aufgabe beschreiben, deren Durchführung im Betrieb womöglich nicht optimal lief, können Sie natürlich auch anmerken, wie die Durchführung optimiert werden könnte und diesen Vorschlag vorstellen oder erklären, warum diese Optimierung sinnvoll oder eventuell auch nicht umsetzbar ist. Ebenso haben Sie die Möglichkeit, den Report zu planen. Das bedeutet, Sie können Ihren Report mehrfach lesen und überarbeiten. Sie können überlegen, welche Formulierungen Sinn ergeben und wo vielleicht Verständnis- oder Informationslücken bei der Beschreibung des Vorgangs auftauchen. Diese Stellen können Sie dann ausbessern und detaillierter beschreiben. Ein weiterer Vorteil daran, dass Sie den Report selbst erstellen, ist auch, dass Sie im Vergleich zum bisherigen Prüfungsablauf bereits wissen, was Sie thematisch erwartet.

Bisher	Sie erhalten zwei Aufgabenblätter und müssen sich innerhalb weniger Minuten spontan für ein Aufgabenblatt entscheiden. Dieses müssen Sie anschließend quasi spontan und ohne Hilfsmittel während einer kurzen Vorbereitungszeit bearbeiten. Im Anschluss daran tragen Sie Ihre Ergebnisse, ob richtig oder falsch, dem Prüfungsausschuss vor und es ergibt sich daraus ein Prüfungsgespräch.
Aktuell	Sie haben im Vorfeld Zeit, sich mit den Aufgabenstellungen Ihrer beiden Reporte zu befassen. Sie selbst wissen gut über die Abläufe der Aufgaben Bescheid, denn Sie haben diese ja in Ihrem Unternehmen (vielleicht sogar regelmäßig) durchgeführt.
	Der Prüfungsausschuss wählt einen der beiden Reporte und teilt Ihnen dann zu Beginn der Prüfung mit, für welchen Report er sich entschieden hat. Dies ist für Sie natürlich immer noch ein Stück Ungewissheit, dennoch sind Ihnen beide Möglichkeiten, nämlich beide Reporte und damit zusammenhängende Themen ja bereits im Vorfeld bekannt, was Ihnen die Vorbereitung auf die Prüfung vereinfacht.

Dass Sie die Reporte schreiben und bereits vor der Prüfung einreichen, hat natürlich auch für den Prüfungsausschuss Vorteile. Die Mitglieder des Prüfungsausschusses können sich in Ruhe mit den beiden von Ihnen eingereichten Reporten befassen. Das bedeutet, jeder Prüfer wird Ihre beiden Reporte im Vorfeld lesen und sich überlegen, welche möglichen Fragen für das Prüfungsgespräch aus den jeweiligen Reporten resultieren und welcher Report sich für die Prüfung besser eignet. Die Prüfer können sich so in Ihr Unternehmen und dortige Prozesse hineindenken. Zwar wird der schriftliche Report nicht bewertet, sondern Ihre Vorstellung des Reports und das Prüfungsgespräch. Dennoch ist es – auch aufgrund von Nervosität bei den Prüflingen – sinnvoll, wenn sich die Prüfer mit der von Ihnen gewählten Thematik bereits vertraut gemacht haben.

Wie bereits unter Punkt 5.2 beschrieben, sollten Sie Ihren Report gliedern. Den Prüfern sind natürlich die Inhalte der Ausbildung des Berufs Kaufleute für Büromanagement bekannt. Da Ihnen jedoch Ihr Unternehmen ggf. gar nicht bekannt ist, sollten Sie sich im Vorfeld überlegen, welche Informationen der Prüfungsausschuss über Ihr Unternehmen benötigt. Welche Informationen sind für den Prüfungsausschuss relevant, also wichtig, welche Informationen sind für den Prüfungsausschuss interessant und welche Informationen benötigen die Prüfer insgesamt, um der Vorstellung Ihres Reports folgen zu können? Ebenso sollten Sie sich im Vorfeld damit auseinandersetzen, was die Prüfer ggf. an Informationen benötigen, um die Ausgangslage nachvollziehen und einordnen zu können sowie ob das Ziel, dessen Erreichung Sie mit der Aufgabenstellung verfolgen, sinnvoll und nachvollziehbar ist. Hierfür eignet sich eine Beschreibung der Ausgangssituation ggf. bereits in Kombination mit einer Beschreibung der Aufgabenstellung.

Beispiel

Ich bin bei der Lecker Essen GmbH in Hünfeld beschäftigt. Mit über 300 Lebensmittelmärkten in Hessen, Bayern und Thüringen sind wir ein führendes Einzelhandels-

unternehmen. Unser Sortiment umfasst über 2.500 Bio-Produkte und ca. 600 Eigenmarken-Produkte. Wir beschäftigen ca. 6.000 Mitarbeiterinnen und Mitarbeiter. Jährlich bilden wir ca. 30 Auszubildende in den Berufen Einzelhandel, Groß- und Außenhandel, sowie Büromanagement aus. Jedes Jahr findet zu Beginn der Ausbildung eine „Kennenlernwoche" statt, deren Planung immer in die Hände von Auszubildenden übergeben wird.

Jedes Jahr zu Beginn des neuen Ausbildungsjahres erhalten Auszubildende des zweiten oder dritten Ausbildungsjahres den Auftrag, eine Willkommensveranstaltung für neue Auszubildende unseres Unternehmens zu planen. Dieses Jahr erhielt ich diesen Auftrag. Als Rahmenbedingung bekam ich ein Pro-Kopf-Budget von ca. 130 € pro Auszubildenden. Die Willkommensveranstaltung sollte zwischen zwei und vier Tagen dauern. Außerdem sollten alle wichtigen Informationen enthalten sein, die neue Auszubildende zu Beginn ihrer Ausbildung wissen sollten.

Nach der Einleitung in Form der Unternehmens- und Situationsbeschreibung sowie der Nennung der Aufgabenstellung folgt der Hauptteil Ihres Reports. Im Report ist der Hauptteil ausschlaggebend, er ist im Grunde der wichtigste Bestandteil Ihrer schriftlichen Arbeit. Im Hauptteil sollten Sie Ihre Vorgehensweise zur Problemlösung beschreiben (Wie gehen Sie vor?) und erläutern (Warum gehen Sie so vor und nicht anders?). Sinnvoll kann es dabei sein, den Hauptteil in die Schritte „Planung, Durchführung und Kontrolle" zu untergliedern. Wichtig ist jedoch, dass sich insgesamt eine Struktur in Ihrem Hauptteil erkennen lässt.

Einleitung	► Vorstellung des Unternehmens
	► Vorstellung der Ausgangssituation
	► Beschreibung der Aufgabenstellung/des Arbeitsauftrages
Hauptteil	► Wahl der Vorgehensweise
	► Begründung der Wahl
	► Beschreibung der Vorgehensweise
	► Beschreibung von alternativen Vorgehensmöglichkeiten
	► Wurde die gewählte Vorgehensweise auch so durchgeführt, wie es geplant war? Welche Abweichungen gab es und aus welchem Grund? Warum war eine Plananpassung ggf. notwendig?
	► Wie bin ich mit unerwarteten Problemen und notwendigen Plananpassungen umgegangen?
	► Welche Methoden habe ich bei meinem Vorgehen genutzt?
	► Wie habe ich meine Vorgehensweise (während und bei Beendigung der Aufgabe) kontrolliert?

Im Anschluss an den Hauptteil sollten die Aufgabenstellung und die Ausführung der Aufgabe kurz analysiert werden: Ist die Aufgabe ausgeführt worden? Welches Ziel sollte anfangs erreicht werden und ist die Zielerreichung gelungen? Zur Formulierung dessen eignet sich ein Fazit, in dem Sie beschreiben, ob der von Ihnen gewählte Weg funktioniert hat. Innerhalb des Fazits können Sie sich außerdem kritisch äußern, welcher Schritt verbessert werden sollte, warum und wie.

Fazit/Schlussteil	► Welches Ziel hatte die Aufgabenstellung?
	► Wurde das Ziel erreicht?
	► Formulierung kritischer Verbesserungsvorschläge

Es ist natürlich wünschenswert, dass Sie Ihre Aufgabe(n) immer einwandfrei umsetzen können. Fakt ist aber auch: Das klappt nicht immer. Das gilt auch für die Aufgabe, die Sie im Report beschreiben. Daher dürfen Ihnen bei dieser Aufgabe ruhig auch Schritte auffallen, die womöglich nicht ganz so gut gelungen sind bzw. die noch Verbesserungspotenzial aufweisen. Wichtig ist – sowohl für Sie selbst und Ihren weiteren Lebensweg, als auch für den Prüfungsausschuss – dass Sie in der Lage sind, die von Ihnen beschriebene Aufgabe zu reflektieren und zu erkennen, was gut lief und was weniger zufriedenstellend war. Und dass Sie erkennen können, wie Sie die weniger zufriedenstellenden Schritte bzw. Ergebnisse optimieren können. Sie sollen Ihre Handlungen und Vorgehensweisen einschätzen und Ihre eigene Arbeitsweise kritisch hinterfragen und bewerten können.

6. Reporte

6.1 Auftragssteuerung und -koordination

 RECHTSGRUNDLAGEN

Bitte beachten Sie, dass die formalen Vorgaben für die Erstellung eines Reports, z. B. Seitengröße, Seiten- und Zeilenabstände (**>> Kapitel 5.1 Formale Aspekte**) aufgrund des Formats dieses Buches nicht übereinstimmen.

6.1.1 Kundenumfrage

Aufgabenstellung

Unser Sport-Markt überlegt, sein Sortiment um Sportarmbänder zu erweitern. Allerdings wollen wir vor Einführung des Produktes zunächst unsere Kunden befragen. Meine Ausbilderin übertrug mir die Aufgabe, entsprechende Kunden auszuwählen und die Fragebögen vorzubereiten.

Ausgangslage

Ich bin als Auszubildende für den Beruf Kauffrau für Büromanagement im zweiten Ausbildungsjahr im Bereich der Kundenbetreuung eingesetzt. Mein Ausbildungsbetrieb ist ein mittelständisches Einzelhandelsunternehmen (mit 15 Mitarbeiterinnen und Mitarbeitern), das Sportartikel vertreibt. Hier sind wir momentan auf Sportschuhe und Funktionskleidung spezialisiert. Dem aktuellen Trend folgend, planen wir, in Zukunft auch Sportarmbänder unterschiedlicher Hersteller anzubieten. Da wir in diesem Bereich noch keinerlei Erfahrung haben, plant unser Geschäftsleiter, zunächst unsere Kunden zu befragen. Ich habe die Aufgabe erhalten, entsprechende Kunden unserer Kundendatenbank zu filtern und die Fragebögen auszuarbeiten.

Planung

Nachdem ich die Aufgabe erhalten habe, notiere ich mir zunächst die wichtigsten Ziele, um daraufhin mein Vorgehen zu strukturieren. Die wichtigsten Ziele sind:

► Kunden auswählen, die befragt werden sollen

► einen Fragebogen entwickeln, der auf den Kaufwunsch von Sportarmbändern abzielt.

Nachdem ich diese zwei Ziele notiert hatte, überlegte ich mir, welches Kundensegment mit Sportarmbändern eher angesprochen wird. Diese Frage gestaltete sich als recht schwierig, da ein Sportarmband – je nach Funktion – unterschiedliche Kundengruppen anspricht. Wir haben unsere Kunden in der Kundendatenbank entsprechend ihrer Einkäufe in folgende Kundengruppen untergliedert:

- Fußball
- Laufen/Walking
- Radfahren
- Wandern
- Aerobic/Gymnastik/Yoga.

Ich hätte nun die Möglichkeit, mich nur für ein Kundensegment zu entscheiden und mich – wie ich zunächst geplant hatte – lediglich auf die Gruppe Laufen/Walking zu beziehen. Alternativ könnte ich aus jeder Kundengruppe eine gewisse Anzahl Kunden auswählen und so alle Kunden befragen. Je nachdem, für welche Variante ich mich entscheiden sollte, musste ich meine Fragen entsprechend anpassen. Daher ist eine Entscheidung vor der Fragebogenerstellung hier wichtig.

Meine Überlegungen präsentierte ich meiner Ausbilderin und gemeinsam entschieden wir uns dafür, Kunden aus jedem Kundensegment anzuschreiben und die Fragebögen entsprechend anzupassen.

Als nächstes überlegte ich mir in einem Brainstorming, welche Inhalte ich in meinem Fragebogen aufnehmen sollte. Dazu informierte ich mich in meinem Schulbuch und im Internet über die Ziele eines Fragebogens, die Frageformen und die möglichen Antwortformen. Danach notierte ich mir, wonach ich fragen wollte. Wichtig war mir, eine Einleitung zu formulieren, die die Kunden motivieren sollte, meinen Fragebogen zu beantworten, weiterhin wollte ich gerne allgemeine Fragen zu unserem Produktangebot erfragen. Danach wollte ich abfragen, welche allgemeinen Produkteigenschaften bei einem Sportarmband für unsere Kunden wichtig sind und ob sie dieses Armband mit einem Smartphone synchronisieren möchten. Auch einige demografische Fragen wollte ich in meinen Fragebogen einbauen. Weiterhin wollte ich erfragen, in welchem Preissegment wir unser Sportarmband anbieten sollten. Auch diese Fragen stellte ich meiner Ausbilderin vor.

Nachdem sie damit einverstanden war, machte ich mich an die Ausformulierung der Fragen und erstellte den Fragebogen in Word. Hierbei musste ich mich noch entscheiden, welche Fragebogenform ich verwenden wollte: Ich hätte entweder ein Online- oder ein Offline-Formular erstellen können. Da ich die Kunden per Post anschreiben wollte, entschied ich mich für ein Offline-Formular. Ich erfragte bei meiner Ausbilderin, welche Möglichkeiten der Rücksendung bevorzugt werden sollten. Wenn die Kunden die Befragung kostenpflichtig an uns zurücksenden sollen, wird der Rücklauf der Fragebögen wohl recht gering werden. Alternativ könnten wir vorfrankierte Rückumschläge beilegen. Auch eine „Belohnung" in Form eines Gewinnspiels oder eines kleinen Incentives wäre denkbar. Wir entschieden uns für einen Incentivegutschein, passend zur Kundenkategorie. So sollten alle Jogger/Walker/Wanderer ein Thermokopfband erhalten, die Fußballer einen Ball, die Radfahrer, Aerobic-, Gymnastik- und Yoga-Kunden eine Trinkflasche. Zwar wäre ein Incentive teurer als die Portoerstattung, müsste aber persönlich im Laden abgeholt werden. Eventuell nutzen die Kunden diese Chance, um mal wieder bei uns einzukaufen.

Durchführung

Nachdem ich mein Vorgehen strukturiert hatte, machte ich mich an die Erstellung eines Fragebogens in Word. Dabei musste ich bei meiner Gestaltung darauf achten, dass die Fragen unkompliziert formuliert waren. Außerdem musste ich prüfen, ob möglichst aussagekräftige Antworten gegeben werden konnten, damit ich ausreichend Informationen von den Kunden bekommen konnte. Bei den Fragen achtete ich außerdem darauf, dass sie einfach formuliert sind und keine Fremdwörter, Abkürzungen oder missverständliche Formulierungen enthielten. Außerdem achtete ich darauf, die Antwortmöglichkeiten so neutral wie möglich zu gestalten, damit ich den Kunden mit meiner Fragestellung nicht in eine von mir gesteuerte Richtung lenke. Außerdem achtete ich darauf, dass sich meine Fragen immer nur auf einen Aspekt beziehen. Kompliziertere Sachverhalte löste ich in mehrere Fragen auf.

Der Auswertbarkeit halber achtete ich außerdem darauf, möglichst viele Ja/Nein-Antworten oder Auswahlantworten vorzugeben. Hierbei merkte ich jedoch recht schnell, dass ich mit meinem Offline-Formular an Grenzen in der Bearbeitung stoße. Während ich im Online-Formular für jede Kategorie Auswahlelemente vorgeben kann, muss ich im Offline-Formular alle Auswahlelemente angeben. Hier kann es sehr schnell passieren, dass das Formular dann zu voll wird.

In der Einleitung meines Fragebogens beschrieb ich den Kunden in einem allgemein gehaltenen Text das Ziel des Fragebogens. Zusätzlich verwies ich auf eine freiwillige Teilnahme, auf den vertraulichen Umgang mit den erhobenen Daten, auf die Rückgabemöglichkeit und die Belohnung für die Teilnahme. Im Hauptteil fasste ich zugehörige Fragen unter den Überschriften

- allgemeine Angaben
- allgemeine Produkteigenschaften
- Nutzung des Smartphones während des Sports
- Eigenschaften von Sportarmbändern
- demografische Angaben

zusammen. Am Ende dankte ich den Kunden für die Teilnahme und verwies noch einmal darauf, dass uns die Kundenmeinung sehr wichtig ist.

Nachdem die Fragebögen erstellt waren, vervielfältigte ich diese und klammerte sie zusammen. Anschließend wählte ich jeweils zehn Kunden aus jeder Kategorie aus, die ich befragen wollte. Danach erstellte ich ein allgemeines Anschreiben und versendete die Fragebögen.

Reflexion

Im Großen und Ganzen bin ich mit meinem Vorgehen zufrieden. Im Nachhinein betrachtet habe ich jedoch gemerkt, dass dieses Vorgehen relativ teuer war. Es hätte für die Kundenumfrage grundsätzlich günstigere Alternativen gegeben. So hätte bei rund 50 Befragten auch eine Telefonumfrage gestartet werden können. Für zukünftige Umfragen habe ich mir überlegt, vielleicht auch E-Mail-Kontakte in die Kundendatenbank aufzunehmen. So könnten wir Kunden per E-Mail befragen. Außerdem wäre eine kurze Befragung im Verkaufsraum auch denkbar.

Der Rücklauf der Umfragebögen war durch unsere Incentives jedoch enorm und wir konnten insgesamt 44 Umfragebögen auswerten. Meine Vorüberlegung, dass nicht nur die Kundengruppe Laufen/Walken an Sportarmbändern interessiert war, bestätigte sich durch die Umfrage. Lediglich die Gruppe Fußball war weniger an einem Sportarmband interessiert.

6.1.2 Analyse des Reports zur Kundenumfrage

Hat die Fachaufgabe einen Bezug zu den Ausbildungsinhalten?

Ja, hat sie. Die Fachaufgabe bezieht sich auf Feinlernziele des § 4 Abs. 3 Nr. 1.1 (Auftragsinitiierung, ergänzenden Service anbieten) aus der Ausbildungsordnung für Kaufleute für Büromanagement.

 RECHTSGRUNDLAGEN

Ausbildungsordnung für Kaufleute für Büromanagement

§ 4 Abs. 3 Nr. 1.1 BüroMKfAusbV

1.1 Auftragsinitiierung

a) Kunden produktspezifisch und kaufmännisch beraten

b) Angebotsgrundlagen und -alternativen mit dem Kunden entwickeln

c) ergänzenden Service anbieten

d) Kalkulationsdaten für Angebote einholen

e) Angebote erstellen

f) Auftragseingang prüfen, Auftrag bestätigen

Werden mehrere Lernziele der gewählten Qualifikationseinheit abgedeckt?

Mit dem Report werden mehrere Lernziele abgedeckt, die sich jedoch auch in anderen Wahlqualifikationen wiederfinden lassen. Hier kommt es also auf die Definition der Feinlernziele der Ausbilderin an. Neben dem Anbieten neuer Produkte lernt die Auszubildende hier auch gleichzeitig Maßnahmen der Kundenbindung kennen.

Erfordert die betriebliche Fachaufgabe einen Lösungsprozess?

Die Lösung der Aufgabe durchläuft unter Umständen den Prozess der vollständigen Handlung bzw. den PDCA-Zyklus. Die Auszubildende informiert sich zunächst über mögliche Lösungsvarianten (Planen/Plan), entscheidet sich dann für eine geeignete Vorgehensweise (Entscheiden/Do), führt anschließend die Aufgabe durch (Durchführen/Act) und reflektiert ihre Vorgehensweise, damit sie Veränderungen ableiten kann (Auswerten/Check).

Wird mindestens ein Teil eines realen Geschäftsprozesses abgebildet?

Die Erstellung von Fragebögen ist in jedem Fall ein realer Geschäftsprozess. Das Konzept kann auch bei jeder anderen Befragung angewendet werden.

Erfolgt eine Planung, Durchführung und Auswertung?

Die Auszubildende beschreibt in ihrem Report Planung, Durchführung und Auswertung ihrer Vorgehensweise ausführlich.

Kann die Auszubildende berufliche Handlungskompetenz unter Beweis stellen?

Die Auszubildende benötigt zum Ausführen der Aufgabe alle Kompetenzen, die in Summe die berufliche Handlungskompetenz ergeben:

Fachkompetenz	► Welche Inhalte hat ein Fragebogen? ► Welche Arten eines Fragebogens lassen sich unterscheiden? ► Welche Fragearten benutze ich? ► Welche Antwortmöglichkeiten gibt es? ► usw.
Methodenkompetenz	► Wie komme ich an die benötigten Informationen? ► Was genau ist der Arbeitsauftrag? ► Welche Ziele sollen verfolgt werden? ► Wie recherchiere ich im Internet/im Fachbuch?
Sozialkompetenz	► Welche Wünsche hat mein Vorgesetzter? ► Welche Wünsche haben die Kunden? ► Muss ich Informationen austauschen?
Selbstkompetenz	► Das Zeitmanagement war zu beachten. ► Selbstkritik und Selbstreflexion wurden gestärkt. ► Das Selbstbewusstsein wurde gestärkt.

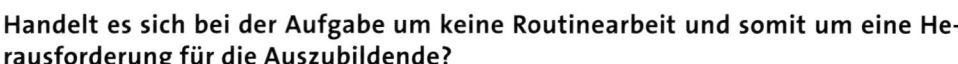

Handelt es sich bei der Aufgabe um keine Routinearbeit und somit um eine Herausforderung für die Auszubildende?

Bei der Tätigkeit handelt es sich um keine Routinetätigkeit für die Auszubildende, da Fragebögen immer individuell durchdacht werden müssen. Die Auszubildende musste lernen, mit auftretenden Schwierigkeiten umzugehen und situativ wendig zu reagieren.

Muss die Auszubildende Informationen recherchieren, um die Aufgabe zu lösen?

Für die Auszubildende waren mehrere Informationen zu recherchieren. So benötigte sie die Informationen:

- Wie ist ein Fragebogen aufgebaut?
- Welche Fragearten gibt es?
- Welche Antwortmöglichkeiten gibt es?
- Wie erstelle ich einen Fragebogen mit Word?

Müssen unterschiedliche Schnittstellen berücksichtigt werden, um die Aufgabe zu lösen?

Die Auszubildende musste mehrere Schnittstellen berücksichtigen. Diese waren zum Beispiel:

- Ausbilderin
- Kunden.

Hat die Auszubildende gewisse organisatorische Freiheitsgrade oder eigene Verantwortungs- und Entscheidungsspielräume?

Die Auszubildende hatte insgesamt wenig organisatorische Einschränkungen und war damit relativ frei in ihrer Planung. Sie legte ihre Planungsdaten der Ausbilderin lediglich zur Abstimmung und gemeinsamen Beratung vor.

Gibt es alternative Lösungswege und Vorgehensweisen?

Bei dieser Aufgabenstellung sind unterschiedliche Lösungswege denkbar. Diese beschreibt die Auszubildende sowohl in der Einleitung, als auch in der Reflexion.

Ermöglichen die Ergebnisse der Fachaufgabe eine Bewertung?

Die Auszubildende und die Ausbilderin können die Durchführung der Aufgabe durchaus bewerten. So kann an sich schon der Fragebogen bewertet werden. Außerdem gibt der Rücklauf der Fragebögen ebenfalls eine Auswertung her.

Besteht die Möglichkeit, dass die Auszubildende die Aufgabe reflektieren kann?

Die Auszubildende kann aufgrund ihrer Planungsüberlegungen ihre Aufgabe reflektieren. Dies tut sie im Report.

Kann die Auszubildende Verbesserungsvorschläge ableiten?

Die Auszubildende nutzt die Reflexionsphase bereits um Verbesserungsvorschläge zu unterbreiten. Daher ist die Ableitung hier gegeben.

6.1.3 Was können die Prüferinnen und Prüfer zum Report fragen?

Ihre Prüfung ist als ein Prüfungsgespräch ausgelegt. Das bedeutet, Sie sollen mit den Prüferinnen und Prüfern in ein Gespräch über Ihr Projektthema kommen. Das bedeutet konkret, dass Sie der Prüfungsausschuss nicht nur fachlich „abfragen", sondern Ihre Lösungswege verstehen und hinterfragen sollte. Folgende Fragen könnten sich aus dem Report ergeben.

Fragen zur Planung

- ► Warum haben Sie sich für diese Lösungsmöglichkeit entschieden?
- ► Welche weiteren Lösungsmöglichkeiten hätte es gegeben?
- ► Warum haben Sie sich nicht für eine der weiteren Lösungsmöglichkeiten entschieden?
- ► Welche weiteren Möglichkeiten einer Kundenbefragung hätten Sie, außer dem Fragebogen?
- ► Nach welchen Kategorien könnten Sie Ihre Kunden weiterhin einteilen?
- ► Was spricht dafür, Kunden vor Produkteinführung zu befragen?

Fragen zur Durchführung

- ► Welche DIN-Vorgaben gibt es für Fragebögen und Formulare?
- ► Welche Vor- und Nachteile haben Fragebögen?
- ► Auf was müssen Sie bei der Formulierung von Alternativ- und Auswahlfragen achten?
- ► Welche Möglichkeit gibt es, Ihre Kunden so anzuschreiben, dass Ihr Anschreiben persönlich wirkt? (In Ihrem Report haben Sie ja ein allgemeines Anschreiben gewählt.)
- ► Welche Frageformen können Sie für Fragebögen direkt unterscheiden?

Fragen zum Gesamtzusammenhang

- ► Welche rechtlichen Aspekte müssen Sie bei der Fragebogenerstellung beachten?
- ► Welche ökologischen Aspekte haben Sie konkret betrachtet?
- ► Welche wirtschaftlichen Aspekte mussten Sie berücksichtigen?

Fragen zur Reflexion

► Welche Schwierigkeiten sind bei der Durchführung Ihrer Aufgabe aufgetreten?

► Wie haben Sie aufgetretene Schwierigkeiten behoben?

► Haben Sie vor der Durchführung Ihrer Aufgabe etwas nicht bedacht, das Ihnen erst im Nachhinein bzw. während der Durchführung aufgefallen ist? (Wenn ja, was? Wie haben Sie darauf reagiert?)

► Wie könnte die Durchführung der Aufgabe optimiert werden?

► Wie könnten Sie die Durchführung der Aufgabe beschleunigen/automatisieren/Daten leichter erfassen/Überprüfbarkeit gewährleisten/...?

6.2 Kaufmännische Steuerung und Kontrolle

 ACHTUNG

Bitte beachten Sie, dass die formalen Vorgaben für die Erstellung eines Reports, z. B. Seitengröße, Seiten- und Zeilenabstände (**>> Kapitel 5.1 Formale Aspekte**) aufgrund des Formats dieses Buches nicht übereinstimmen.

6.2.1 Einführung eines neuen Warenwirtschaftssystems

Aufgabenstellung

Bei der Einführung des neuen Warenwirtschaftssystems wurde mir die Aufgabe übertragen, die Daten für die Buchhaltung soweit vorzubereiten, dass mit diesen der normale Arbeitsablauf seitens unserer Buchhaltung aufgenommen werden kann. Diese Aufgabe soll ich bereits vor der allgemeinen, offiziellen Einführung des Warenwirtschaftssystems durchführen, damit ein reibungsloser Übergang gewährleistet ist.

Ausgangslage

Unser Unternehmen ist ein kleiner mittelständischer Betrieb mit zwanzig Mitarbeitern und zwei Auszubildenden. Als Auszubildende bin ich in meinem dritten Ausbildungsjahr auch im Bereich der Buchhaltung eingesetzt. Gemeinsam mit dem anderen Auszubildenden, der ebenfalls im dritten Ausbildungsjahr ist, muss ich in jedem Ausbildungsjahr ein Projekt weitestgehend eigenständig umsetzen. In diesem Jahr soll ein neues Warenwirtschaftssystem eingeführt werden, da der Betriebsinhaber und die Mitarbeiter mit dem aktuell genutzten System nicht zufrieden sind und es unseren Betrieb und unsere Kunden nicht optimal zusammenführt.

Planung

Nachdem ich die Aufgabe erhalten habe, überlege ich zunächst, welche Schritte in welcher Reihenfolge sinnvoll sind und strukturiere anschließend meine Vorgehensweise anhand meiner Liste.

Das Hauptziel besteht darin, dass die Mitarbeiter der Buchhaltung im neuen Warenwirtschaftssystem Zugriff auf alle für sie wichtigen Daten haben und dass die Datenübertragung einwandfrei funktioniert.

Die Datenübertragung ist dabei m. E. ein besonders wichtiger Punkt, denn dieser umfasst verschiedene Bereiche:

- Kundendaten, wie z. B. Kundennummern, Adressen etc.
- Daten von Lieferanten, wie z. B. Kontaktdaten, Produktbereich
- die verschiedenen Firmenkonten
- den Abruf und die Zuordnung von Zahlungseingängen
- die halbautomatisierte Veranlassung von Zahlungsausgängen
- automatisiertes Erkennen von Zahlungsverzügen
- Einrichtung eines Zugangs für den Steuerberater.

Nachdem ich die verschiedenen Bereiche notiert hatte, überlegte ich meine Vorgehensweise. Als erstes müsste ich sämtliche Kontaktdaten von Kunden und Lieferanten in das Warenwirtschaftssystem übertragen. Hier gäbe es zwei Möglichkeiten: Entweder ich finde eine Möglichkeit der Datenübertragung oder aber ich müsste alle Daten manuell eingeben. Hierfür müsste ich Rücksprache mit dem Anbieter des Warenwirtschaftssystems halten. Sofern ich diese Daten komplett im neuen Warenwirtschaftssystem hinterlegt habe, muss ich im nächsten Schritt die Firmenkonten mit dem Warenwirtschaftssystem verbinden. Hierfür benötige ich gewisse Zugangsdaten, die vertraulich zu behandeln sind und welche ich mir im Vorfeld von einem Mitarbeiter der Buchhaltung geben lassen muss. Nachdem ich über die Zugangsdaten der Bankkonten verfüge, muss ich diese im Warenwirtschaftssystem neu einrichten und die Abrufhäufigkeit der Kontobewegungen festlegen.

Anschließend muss ich noch prüfen, ob die Abrufe auch tatsächlich automatisch in der Häufigkeit durchgeführt werden, wie ich sie eingestellt habe. Wenn die Abrufe funktionieren, wäre ein nächster Schritt die Einrichtung bzw. Überprüfung der Zuordnungen. Haben beispielsweise Zahlungseingänge stattgefunden und wurden diese automatisch abgerufen, dann muss ich überprüfen, ob und wie die automatische Zuordnung des Zahlungseingangs zum betreffenden Kundenkonto funktioniert. Ein weiterer Schritt wäre dann wiederum das Einstellen und Vormerkungen von Zahlungsausgängen, die jedoch erst zu einem bestimmten, im Vorfeld festzulegenden Zeitpunkt durchgeführt und gebucht werden sollen.

Da in der Vergangenheit insbesondere Schwierigkeiten mit noch offenen Rechnungen auftraten und wir Schwierigkeiten mit dem Mahnwesen hatten, muss ich mich auch hierum besonders kümmern: Im Zusammenhang mit den Kundenkonten sowie den Zahlungseingängen sollte ich Voreinstellungen vornehmen, die im Kundenkonto unsere Zahlungsbedingungen vermerken und aufgrund dieser Basis automatisch anzeigen, sobald sich ein Kunde in Zahlungsverzug befindet.

Zuletzt würde ich noch einen Datenabruf für den Steuerberater einrichten wollen, da wir so nicht mehr jede Rechnung einzeln einscannen müssen, sondern Rechnungen und Rechnungslisten direkt vom System an unser Steuerbüro übertragen werden können.

Denkbar ist, dass ich für gewisse Fragen bzw. Punkte den Anbieter des Warenwirtschaftssystems kontaktiere, damit dieser mir im Vorfeld bereits einige Fragen beantworten kann. Hierfür vereinbare ich einen Telefontermin, für den ich ca. eine Stunde einplane.

Später müsste ich ggf. auch noch einen Telefontermin mit unserem Steuerbüro vereinbaren, um hier den Zugang entsprechend durchzugeben und zu testen. Nachdem ich alle Schritte gründlich durchdacht habe, entscheide ich mich für eine Vorgehensweise und die Umsetzung der von mir geplanten Reihenfolge.

Durchführung

Nachdem ich meine Planung erstellt hatte, begann ich mit der Vorbereitung der von mir festgelegten Punkte. Für das gesamte Projekt hatte ich ca. eine Woche Zeit, jedoch zzgl. Vorbereitungszeit. Als erstes vereinbarte ich einen Termin mit dem Anbieter des Warenwirtschaftssystems für eine telefonische Besprechung. Ebenfalls vereinbarte ich bereits einen Termin mit unserem Steuerbüro, um den Zugang zum Warenwirtschaftssystem durchzugeben und zu testen. Da dieser Termin erst zum Abschluss des Projekts sinnvoll ist, musste ich insgesamt nun auch darauf achten, meine zeitliche Planung einzuhalten.

In der telefonischen Besprechung arbeitete ich meine Fragen systematisch ab und notierte mir Antworten und Stichpunkte. Gleichzeitig führte ich manches bereits einmal beispielhaft im Warenwirtschaftssystem durch, sodass ich die Vorgehensweise erkannte.

Nach der Übertragung sämtlicher Kunden- und Lieferantenkontakte, die ich per Übertragungsdatei vornehmen konnte, habe ich die verschiedenen Bankkonten im neuen System eingerichtet und die Abruffunktion eingestellt. Im Verlauf des Tages musste ich nun jeweils mit den Kontoauszügen abgleichen, ob sämtliche Kontobewegungen durch das neue System erfasst und zugeordnet werden konnten.

Einen Zahlungsausgang vorab vorzunehmen, war mir jedoch nicht möglich, wie eigentlich geplant, da bis zur offiziellen Einweisung in das neue Warenwirtschaftssystem noch mit dem vorherigen System gearbeitet wurde und sonst die Gefahr bestand, hier doppelte Buchungen zu verursachen.

Die Einrichtung der automatisierten Erkennung von Zahlungsverzügen unserer Kunden benötigte einige Zeit, da ich in jedem einzelnen Kundenkonto die Zahlungsbedingungen entweder neu einpflegen oder auf Richtigkeit kontrollieren musste.

Im Anschluss erstellte ich einen Zugang für unser Steuerbüro und übertrug hier testweise die Daten der Zahlungseingänge, die ich bereits über das neue System erfasst hatte. Eine Rechnungsliste gab es noch nicht, da über das neue System zu diesem Zeitpunkt noch keine Rechnungen erfasst worden sind.

Reflexion

Insgesamt bin ich recht zufrieden mit meiner Arbeit, die meisten Schritte haben funktioniert und auch meine zeitliche Planung von einer Woche passte perfekt. Die Telefonate mit dem Steuerbüro und dem Anbieter des Warenwirtschaftssystems liefen ebenfalls gut, ich hatte direkt die richtigen Personen am Apparat, mit denen ich auch zusammenarbeiten musste. Hier war die vorherige Absprache der Termine sinnvoll. Allerdings hätte ich mit dem Mitarbeiter, der mir gewisse Schritte im Warenwirtschaftssystem erklärt hat, besser ca. zwei Stunden vereinbaren sollen, da die Beantwortung meiner Fragen und die telefonische Erklärung der dazugehörigen Schritte doch etwas zeitaufwendiger war, als erwartet. Auch ein Termin vor Ort wäre wünschenswert gewesen.

Die Übertragung der Kunden- und Lieferantendaten musste ich erfreulicher Weise nicht manuell durchführen, sondern konnte die Daten anhand einer Übertragungsdatei in das System einfügen. Die Übertragung war jedoch teilweise fehlerhaft, sodass ich zwar nicht jeden Kontakt einzeln eingeben, jedoch jeden Kontakt und die übertragenen Daten überprüfen musste.

Die Eingabe der Zahlungsbedingungen musste ich ebenfalls einzeln je Kunde durchführen, diese konnte aber noch nicht überprüft werden, da noch keine Rechnungen über das neue System geschrieben worden waren. Des Weiteren sollen ja auch die Eingangsrechnungen im neuen System verbucht werden, somit muss ich mich auch noch einmal mit den Zahlungsverzügen unseres eigenen Unternehmens befassen und hier ggf. eine Erinnerungsfunktion o. Ä. einstellen, damit wir mit den von uns zu bezahlenden Eingangsrechnungen nicht in Verzug geraten.

6.2.2 Analyse des Reports zur Einführung eines neuen Warenwirtschaftssystems

Hat die Fachaufgabe einen Bezug zu den Ausbildungsinhalten?

Ja, hat sie. Die Fachaufgabe bezieht sich auf Feinlernziele des § 4 Abs. 3 Nr. 2.1 aus der Ausbildungsordnung für Kaufleute für Büromanagement.

RECHTSGRUNDLAGEN

Ausbildungsordnung für Kaufleute für Büromanagement, kaufmännische Steuerung und Kontrolle

§ 4 Abs. 3 Nr. 2.1 BüroMKfAusbV

2.1 Finanzbuchhaltung

a) Kreditoren- und Debitorenstammdaten aufnehmen und pflegen

b) Geschäftsvorgänge unter Berücksichtigung gesetzlicher und betrieblicher Regelungen buchhalterisch einordnen

c) Belege erfassen, kontieren und auf Bestands- und Erfolgskonten buchen

d) im Rahmen der Kontokorrentbuchhaltung Zahlungseingänge überwache und Zahlungsausgänge veranlassen

e) Maßnahmen bei Zahlungsverzug einleiten

f) bei periodengerechten Abschlussarbeiten unterstützen

Werden mehrere Lernziele der gewählten Qualifikationseinheit abgedeckt?

Wie im vorigen Feld bereits erwähnt, werden mit dem Report einige Lernziele des Bereichs kaufmännische Steuerung und Kontrolle abgedeckt. Dazu zählen:

► Finanzbuchhaltung

► Kreditoren- und Debitorenstammdaten aufnehmen und pflegen

► Kontokorrentbuchhaltung (im Rahmen der Vorbereitung: Zahlungseingänge überwachen und Zahlungsausgänge veranlassen)

► Maßnahmen bei Zahlungsverzug einleiten.

Erfordert die betriebliche Fachaufgabe einen Lösungsprozess?

Die Lösung der Aufgabe durchläuft unter Umständen den Prozess der vollständigen Handlung bzw. den PDCA-Zyklus. Die Auszubildende informiert sich zunächst über mögliche Lösungsvarianten (Planen/Plan), entscheidet sich dann für eine geeignete Vorgehensweise (Entscheiden/Do), führt anschließend die Aufgabe durch (Durchführen/Act) und reflektiert ihre Vorgehensweise, damit sie Veränderungen ableiten kann (Auswerten/Check).

Wird mindestens ein Teil eines realen Geschäftsprozesses abgebildet?

Die Einführung eines (neuen) Warenwirtschaftssystems ist ein realer Prozess, der in Unternehmen vorkommt. Das Konzept des Vorbereitens der Umstellung könnte auch bei jedem anderen Unternehmen angewendet werden.

Erfolgt eine Planung, Durchführung und Auswertung?

Die Auszubildende beschreibt in ihrem Report Planung, Durchführung und Auswertung ihrer Vorgehensweise ausführlich.

Kann die Auszubildende berufliche Handlungskompetenz unter Beweis stellen?

Die Auszubildende benötigt zum Ausführen der Aufgabe alle Kompetenzen, die in Summe die berufliche Handlungskompetenz ergeben:

Fachkompetenz	► Was ist bei Planung der Umstellung auf das neue Warenwirtschaftssystem zu beachten? ► Welche Arbeitsmittel stehen zur Verfügung? ► Welche Daten sind unverzichtbar? ► Wie muss mit sensiblen Daten verfahren werden? ► Anhand welcher Maßnahmen kann die Buchhaltung vom alten auf das neue System umgestellt werden? ► usw.
Methodenkompetenz	► Wie komme ich an die benötigten Informationen? ► Was genau ist der Arbeitsauftrag? ► Welche Ziele sollen verfolgt werden? ► Welche Personen/Informationen brauche ich zur Erfüllung des Arbeitsauftrags?
Sozialkompetenz	► Welche Erwartungen hat mein Vorgesetzter? ► Welche Erwartungen haben die Mitarbeiter der Buchhaltung? ► Muss ich Informationen austauschen? ► Wie führe ich Telefonbesprechungen für beide Seiten effizient?
Selbstkompetenz	► Das Zeitmanagement war zu beachten. ► Selbstkritik und Selbstreflexion wurden gestärkt. ► Das Selbstbewusstsein wurde gestärkt.

Handelt es sich bei der Aufgabe um keine Routinearbeit und somit um eine Herausforderung für die Auszubildende?

Bei der Tätigkeit handelt es sich zunächst um keine Routinetätigkeit für die Auszubildende, da diese Aufgabe normalerweise nur einmal überhaupt stattfindet. Nachdem ein Unternehmen sich für ein Warenwirtschaftssystem entschieden hat, wird im Anschluss das Warenwirtschaftssystem nur noch anhand von Updates aktualisiert, jedoch nicht noch einmal komplett neu eingerichtet. Es kann natürlich sein, dass im Lauf der Jahre das System nicht mehr den Ansprüchen der Unternehmung entspricht und doch ein neues System eingeführt werden soll. Grundsätzlich ist dies aber kein alltäglicher oder gar regelmäßig wiederkehrender Prozess. Auch hat die

Auszubildende zuvor noch nie bei der Einführung eines Warenwirtschaftssystems mitgewirkt. Lediglich einzelne Tätigkeiten, wie z. B. die regelmäßige Pflege der Kreditoren- und Debitorenstammdaten im System, können zu Routinetätigkeiten werden.

Die Auszubildende musste lernen, für auftretende Fragen und Probleme selbst Lösungswege zu entwickeln oder mit dem richtigen Ansprechpartner über Lösungen kommunizieren.

Muss die Auszubildende Informationen recherchieren, um die Aufgabe zu lösen?

Für die Auszubildende waren mehrere Informationen zu recherchieren. So benötigte sie die Informationen:

► Wie lange habe ich Zeit für die Vorbereitung und die Terminkoordination?

► Welche Zugangsdaten benötige ich?

► Wer sind meine Ansprechpartner für das Warenwirtschaftssystem und im Steuerbüro?

► Welche Daten sollten den Kundenkonten zusätzlich zugeführt werden?

► usw.

Müssen unterschiedliche Schnittstellen berücksichtigt werden, um die Aufgabe zu lösen?

Die Auszubildende musste mehrere Schnittstellen berücksichtigen. Diese waren zum Beispiel:

► Vorgesetzter

► Mitarbeiter aus der Buchhaltung

► Mitarbeiter des System-Anbieters

► Mitarbeiter des Steuerbüros

► usw.

Hat die Auszubildende gewisse organisatorische Freiheitsgrade oder eigene Verantwortungs- und Entscheidungsspielräume?

Die Auszubildende hatte insgesamt wenig organisatorische Einschränkungen und war damit relativ frei in ihrer Planung. Lediglich die Zeitvorgabe und die Telefontermine schränkten sie in ihrer Planung ein.

Gibt es alternative Lösungswege und Vorgehensweisen?

Bei dieser Aufgabenstellung sind unterschiedliche Lösungswege denkbar. Es könnten sowohl die Reihenfolge der Vorgehensweise, als auch die einzelnen Schritte selbst variieren. Die Lösung ist daher offen, das Ziel ist jedoch festgelegt.

Ermöglichen die Ergebnisse der Fachaufgabe eine Bewertung?

Die Auszubildende und der Ausbilder können die Arbeitsergebnisse bewerten. Ebenso können sich ggf. die Mitarbeiter der Buchhaltung äußern. So kann z. B. ein mündliches Feedback als Bewertung gelten.

Besteht die Möglichkeit, dass die Auszubildende die Aufgabe reflektieren kann?

Die Auszubildende kann ihre Handlung reflektieren und Verbesserungen ableiten.

Kann die Auszubildende Verbesserungsvorschläge ableiten?

Die Auszubildende nutzt die Reflexionsphase, um Verbesserungsvorschläge zu unterbreiten. Daher ist die Ableitung hier gegeben.

6.2.3 Was können die Prüferinnen und Prüfer zum Report fragen?

Ihre Prüfung ist als ein Prüfungsgespräch ausgelegt. Das bedeutet, Sie sollen mit den Prüferinnen und Prüfern in ein Gespräch über Ihr Projektthema kommen. Dies heißt konkret, dass Sie der Prüfungsausschuss nicht nur fachlich „abfragen", sondern Ihre Lösungswege verstehen und hinterfragen sollte. Folgende Fragen könnten sich aus dem Report ergeben.

Fragen zur Planung

- Warum haben Sie sich für diese Lösungsmöglichkeit entschieden?
- Welche weiteren Lösungsmöglichkeiten hätte es gegeben?
- Warum haben Sie sich nicht für eine der weiteren Lösungsmöglichkeiten entschieden?
- Welche weiteren Fragen sollten vor Beginn der Datenübertragung gestellt werden?
- Warum ist es wichtig und sinnvoll, Informationen aus der Buchhaltung für die Planung der Umstellung zu nutzen?
- Wen kann man intern oder extern bei der Planung der Umstellung hinzuziehen?

Fragen zur Durchführung

- Welche weiteren Personen hätten Ihnen noch weiterhelfen können? (Begründung?)
- Welche weiteren Möglichkeiten gibt es, die Umstellung auf das neue Warenwirtschaftssystem effizient zu gestalten?
- Aus welchem Grund ist es sinnvoll, die Umstellung vorzubereiten?
- Welche Vor- und Nachteile hat es, dass Sie als Auszubildende bei dieser Aufgabe auf sich selbst gestellt waren?
- Welche Aufgaben hat die Buchhaltung in Ihrem/einem Unternehmen?

- ► Welche verschiedenen Abteilungen hat ein Unternehmen immer bzw. welche Aufgabenbereiche fallen in einem Unternehmen im Grunde immer an?
- ► Erläutern Sie bitte einzelne Schritte/ein mögliches Vorgehen bei Zahlungsverzug Ihres Kunden.

Fragen zum Gesamtzusammenhang

- ► Welche rechtlichen Aspekte sind bei dem Umgang mit sensiblen Daten zu beachten?
- ► Welche ökologischen Aspekte haben Sie konkret betrachtet?
- ► Welche wirtschaftlichen Aspekte mussten Sie berücksichtigen?

Fragen zur Reflexion

- ► Welche Schwierigkeiten sind bei der Durchführung Ihrer Aufgabe aufgetreten?
- ► Wie haben Sie aufgetretene Schwierigkeiten behoben?
- ► Haben Sie vor der Durchführung Ihrer Aufgabe etwas nicht bedacht, das Ihnen erst im Nachhinein bzw. während der Durchführung aufgefallen ist? (Wenn ja, was? Wie haben Sie darauf reagiert?)
- ► Wie könnte die Durchführung der Aufgabe optimiert werden?
- ► Wie könnten Sie die Durchführung der Aufgabe beschleunigen/automatisieren/Daten leichter erfassen/Überprüfbarkeit gewährleisten/...?

6.3 Kaufmännische Abläufe in kleinen und mittleren Unternehmen

 ACHTUNG

Bitte beachten Sie, dass die formalen Vorgaben für die Erstellung eines Reports, z. B. Seitengröße, Seiten- und Zeilenabstände (**» Kapitel 5.1 Formale Aspekte**) aufgrund des Formats dieses Buches nicht übereinstimmen.

6.3.1 Optimierung des Forderungsmanagements

Aufgabenstellung

In den vergangenen Meetings zwischen der Abteilung Buchhaltung und der Geschäftsführung kam wiederholt das Thema zu hoher Außenstände auf. Daraufhin habe ich Überlegungen angestellt, wie ich dies optimieren und einen Beitrag zu einer gesteigerten Liquidität unseres Unternehmens leisten kann. In Absprache mit dem Geschäftsführer ist daraus meine Aufgabe entstanden, verschiedene Lösungsansätze für dieses Ziel zu erarbeiten.

Ausgangslage

Ich bin in einem kleinen mittelständischen Unternehmen tätig. Die Hauptaufgabe in unserer Spedition ist es, für Kunden Transporte zu organisieren und auch zu überwachen. Unser Unternehmen verfügt über mehrere Niederlassungen in Deutschland als auch im europäischen Ausland. Die Administration des Unternehmens hat ihren Sitz in Herne. Momentan bin ich in der Buchhaltung tätig und nehme auch an für die Abteilung wichtiger Fortbildungen und Besprechungen teil.

Planung

Nachdem ich diese Aufgabe bekommen hatte, beschäftigte ich mich zunächst mit den sogenannten OPOS-Listen (offene Positionen = unbezahlte Rechnungen) und unserem Forderungsmanagement. Als erstes fiel mir auf, dass die OPOS-Listen bisher nur wöchentlich aktualisiert wurden. Dies birgt bereits eine Verzögerung des Mahnwesens in sich und auch die Aktualität geleisteter Zahlungen war somit nicht gegeben. Des Weiteren müssten die Kunden ihre Forderungen pünktlich oder überhaupt zahlen, damit die Liquidität unseres Unternehmens gewährleistet wäre. Auch wenn erst mit Verzögerung unsererseits Erinnerungen und Mahnungen geschrieben und verschickt wurden und die Kunden somit noch mehr Zeit hatten ihre Rechnungen zu begleichen, sind die Kunden ihrer Zahlungsverpflichtung häufig nicht nachgekommen. Unter Voraussetzung einer ebenfalls einzuführenden täglichen Aktualisierung habe ich mir dann die weiteren Möglichkeiten angesehen: Aktuell nutzen wir zwar das Mahnverfahren, haben jedoch bisher keine Mahngebühren oder Verzugszinsen an säumige Kunden berechnet. Mein erster Gedanke war daher, diese einzuführen. Würden nämlich Mahngebühren und Verzugszinsen eingeführt, könnte dies einen Anreiz für die Kunden darstellen die Rechnungen pünktlich zu bezahlen, um zusätzliche Kosten oder einen Rechtsstreit zu vermeiden.

Als weitere Alternative habe ich mir das außergerichtliche Mahnverfahren und die Umsetzung in unserer Unternehmenspraxis angesehen. An dieser Stelle würden wir ein Inkassounternehmen beauftragen, um unsere Forderungen „einzutreiben". Da der Kunde i. d. R. nicht negativ bei Wirtschaftsauskunftsdateien auffallen möchte (dies wirkt sich negativ auf seine Geschäftsbedingungen aus, er bekommt z. B. schlechter eine Warenkreditversicherung), kommt dieses Verfahren in die engere Auswahl. Da man öfter von Unternehmen, wie z. B. Creditreform, Euler Hermes oder Coface, Anfragen zur Zahlungsmoral von Geschäftskunden erhält, könnten wir hier angeben, dass diese nicht fristgerecht bezahlen. Das würde bei einer Bonitätsprüfung nicht gut aussehen.

Als dritte Möglichkeit, habe ich mich mit dem Thema „Factoring" auseinandergesetzt. Das ist zwar der schnellste und sicherste Weg an seine Forderungen zu kommen, allerdings ist es auch der Teuerste, und somit eine Frage des Kostenpunkts.

Durchführung

Nachdem ich mich mit der Planung auseinandergesetzt und mir verschiedene Möglichkeiten zur Optimierung überlegt hatte, begann ich mit der Durchführung. Ich habe mir eine Pro- und Kontraliste zu den beiden Themen „Factoring" und „Inkasso" erstellt und dort die Vor- und Nachteile gegenübergestellt. Schließlich habe ich ein paar ungebundene Angebote aus dem Internet von verschiedenen Inkassounternehmen und verschiedenen Factoringunternehmen eingeholt. Als ich diese vorliegen hatte, nahm ich einen Angebotsvergleich zwischen den Inkassounternehmen und den Factoringunternehmen vor. Ich habe mich mit den möglichen Kosten auseinandergesetzt und ungefähr kalkuliert, welches Verfahren wirtschaftlicher für die Firma ist.

Nach reiflicher Überlegung habe ich mich für das Inkassoverfahren entschieden und meine Pro- und Kontratabelle mit Kalkulationen unserem Geschäftsführer vorgestellt. Ich habe die zuständige Kollegin um einen Ausdruck der aktualisierten OPOS-Listen gebeten, außerdem habe ich mit ihr besprochen, welche der säumigen Kunden bereits wie viele Mahnungen erhalten hatten und zu welchem Zeitpunkt. Da ich momentan einen Kunden mit Zahlungsverzug hatte, der schon drei Mahnungen erhalten hat, habe ich meinem Geschäftsführer angeboten, in diesem Fall ein Inkassounternehmen zu beauftragen. Hierfür gab er mir sein Einverständnis.

Der Kunde, der sich im Zahlungsverzug befand, hat seinen Sitz in Deutschland und als Rechtsform eine KG. Das ist wichtig zu wissen, da der letzte Schritt bei einem Inkassoverfahren eine Pfändung wäre und somit der Gerichtsvollzieher bei Nichtzahlung auch Zugriff auf sein Privatvermögen erwirken, die Forderung einziehen und uns aushändigen kann.

Nach einigen Recherchen habe ich mich für ein namhaftes Inkassounternehmen entschieden, welches auch von anderen Unternehmen empfohlen wird. Ein Vergleich in Bezug auf die anfallenden Gebühren ist nicht notwendig, da seriöse Inkassounternehmen nach einer gesetzlich festgelegten Gebührenverordnung abrechnen. Das Inkassounternehmen wollte jeglichen Schriftverkehr (falls vorhanden), mit allen bereits zugesandten Mahnungen sowie Informationen zu bestehenden Kontakten. Diese Unterlagen stellte ich zusammen und übermittelte sie dem Inkassounternehmen.

Trotz nochmaliger Aufforderung zur Zahlung durch das Inkassounternehmen bezahlte unser Kunde nicht, sodass uns zu einem gerichtlichen Mahnverfahren geraten wurde. Nach Ankündigung des gerichtlichen Mahnverfahrens zahlte der Kunde alle offenen Forderungen, inklusive der angefallenen Inkassogebühren. Somit war diese bislang offene Position geklärt und konnte ausgetragen werden. Da ich mit meinem Lösungsansatz sehr zufrieden war, habe ich den Entschluss gefasst, überfällige Forderungen zukünftig auf diesem Weg „einzutreiben".

Zur besseren Übersicht habe ich eine Excel-Liste für Inkassovorgänge erstellt. In dieser Tabelle habe ich die Kunden mit Kundennummer, den offenen Betrag und den aktuellen Stand aufgelistet. Hierauf kann jeder autorisierte Mitarbeiter zugreifen. Um Aktualität und eine zeitnahe Reaktion auf säumige Kunden zu gewährleisten, habe ich außerdem angeregt, die OPOS-Listen täglich statt wöchentlich zu aktualisieren.

Reflexion

Ich bin mit dem Ergebnis meiner Aufgabenstellung und meinem Lösungsansatz zufrieden. Unser Geschäftsführer hat mir viel Freiraum gegeben, sodass ich zum Ende hin selbst testen konnte, ob Inkasso die richtige Entscheidung ist. Dank des eingeleiteten Inkassoverfahrens haben wir außerdem die komplette Forderung gezahlt bekommen. In Bezug auf den mir zur Verfügung stehenden Zeitrahmen hatte ich keine Vorgaben, mir war jedoch bewusst, dass ein bereits säumiger Vorgang immer schnellstmöglich geklärt werden muss. Ich habe mehrere Möglichkeiten verglichen und konnte am Ende eine für unser Unternehmen gut vertretbare Lösung vorstellen.

Die Entscheidung für das Inkassounternehmen war, neben der Einführung von Mahngebühren und Verzugszinsen, die bessere Entscheidung gegenüber der Möglichkeit des Factorings, da ich hier auch eine rechtliche Beratung bekam und Schritt für Schritt angeleitet wurde, um mit Unterstützung des Inkassobüros die Forderung abschließend zu klären.

Factoring war für mich kein vollständiger Lösungsansatz, da man durch den Verkauf der Forderung zwar im Vergleich schneller über liquide Mittel verfügt, dafür aber einen hohen Verlust durch immens hohe Gebühren seitens des Factoringunternehmens hat. Kritisch zu betrachten ist, dass das Austragen und Kontrollieren von offenen Positionen nicht alleine von einem Mitarbeiter abhängig sein sollte, was nun nicht mehr der Fall ist. Meine Excel-Tabelle, auf die einige autorisierte Mitarbeiter Zugriff haben, unterstützt dies. Optimal wäre es jedoch, wenn unser System säumige Ausgangsrechnungen/Kunden direkt und automatisiert anzeigen würde, sodass die Listenführung nicht mehr manuell und personenabhängig ist.

6.3.2 Analyse des Reports zur Optimierung des Forderungsmanagements
Hat die Fachaufgabe einen Bezug zu den Ausbildungsinhalten?

Ja, hat sie. Die Fachaufgabe bezieht sich auf die Feinlernziele des § 4 Abs. 3 Nr. 3.1 aus der Ausbildungsordnung für Kaufleute für Büromanagement.

RECHTSGRUNDLAGEN

Ausbildungsordnung für Kaufleute für Büromanagement

§ 4 Abs. 3 Nr. 3.1 BüroMKfAusbV

3. kaufmännische Abläufe in kleinen und mittleren Unternehmen

3.1 laufende Buchführung

a) Buchungsvorgänge bearbeiten

b) Kassenbuch führen

c) Bestands- und Erfolgskonten führen

d) Offene-Posten-Listen verwalten

e) Zahlungsein- und -ausgänge kontrollieren und Maßnahmen bei Zahlungsverzug einleiten

f) am buchhalterischen Jahresabschluss unter Berücksichtigung der Fristen mitwirken

---

Werden mehrere Lernziele der gewählten Qualifikationseinheit abgedeckt?

Wie im vorigen Feld bereits erwähnt, werden mit dem Report einige Lernziele des Bereichs laufende Buchführung abgedeckt.

Dazu zählen:

▸ Offene-Posten-Listen verwalten

▸ Zahlungsein- und -ausgänge kontrollieren und Maßnahmen bei Zahlungsverzug einleiten.

Erfordert die betriebliche Fachaufgabe einen Lösungsprozess?

Die Lösung der Aufgabe durchläuft unter Umständen den Prozess der vollständigen Handlung. Der Auszubildende informiert sich zunächst über mögliche Lösungsvarianten (Planen/Plan), entscheidet sich dann für eine geeignete Vorgehensweise (Entscheiden/Do), führt anschließend die Aufgabe durch (Durchführen/Act) und reflektiert seine Vorgehensweise, damit er Veränderungen ableiten kann (Auswerten/Check).

Wird mindestens ein Teil des realen Geschäftsprozesses abgebildet?

Das Führen und Prüfen von offenen Positionen sowie die Durchführung von Maßnahmen bei Zahlungsverzug sind in jedem Fall reale Geschäftsprozesse.

Erfolgt eine Planung, Durchführung und Auswertung?

Der Auszubildende beschreibt in seinem Report Planung, Durchführung und Auswertung seiner Vorgehensweise ausführlich.

Kann der Auszubildende berufliche Handlungskompetenz unter Beweis stellen?

Der Auszubildende benötigt zum Ausführen der Aufgabe alle Kompetenzen, die in Summe die berufliche Handlungskompetenz ergeben:

Fachkompetenz	► Was ist bei der Verwaltung der Offenen-Posten-Liste zu beachten? ► Welche Maßnahmen gibt es, um einen Zahlungsverzug zu beheben? ► Welche Arbeitsmittel stehen zur Verfügung? ► Welche Unterlagen werden zur Durchführung eines Vergleichs benötigt? ► usw.
Methodenkompetenz	► Wie komme ich an die benötigten Informationen? ► Was genau ist der Arbeitsauftrag? ► Welche Ziele sollen verfolgt werden? ► Unter welchen Vorgehensweisen kann ich wählen?
Sozialkompetenz	► Welche Erwartungen hat mein Vorgesetzter? ► Welche Interessen haben die Mitarbeiter, deren Hilfe ich benötige? ► Muss ich Informationen austauschen? ► Mit welchen Mitarbeitern muss ich kommunizieren?
Selbstkompetenz	► Arbeitsweise und Durchführung mussten selbstständig erfolgen. ► Planung und Kontrolle mussten eigenständig erfolgen. ► Selbstkritik und Selbstreflexion wurden gestärkt. ► Das Selbstbewusstsein wurde gestärkt.

Handelt es sich bei der Aufgabe um keine Routinearbeit und somit um eine Herausforderung für den Auszubildenden?

Bei der Tätigkeit handelt es sich zunächst um keine Routinetätigkeit für den Auszubildenden. Zwar sind dem Auszubildenden die üblichen Maßnahmen bei Zahlungsverzug bekannt, jedoch bestand Optimierungsbedarf, der diese Maßnahmen umfasste und der keine Routinetätigkeit des Auszubildenden darstellt. Der Auszubildende musste sein Arbeitsverhalten und seine Vorgehensweise situativ gestalten.

Muss der Auszubildende Informationen recherchieren, um die Aufgabe zu lösen?

Der Auszubildende musste sowohl die aktualisierten Listen anfragen, als auch Angebote von Inkasso- und Factoringunternehmen via Internet und Telefonat einholen.

Müssen unterschiedliche Schnittstellen berücksichtigt werden, um die Aufgabe zu lösen?

Der Auszubildende musste mehrere Schnittstellen berücksichtigen. Diese waren z. B.:

- ► Geschäftsführer
- ► Kollegin in der Buchhaltung
- ► Mitarbeiter der Inkasso- und Factoringunternehmen.

Hat der Auszubildende gewisse organisatorische Freiheitsgrade oder eigene Verantwortungs- und Entscheidungsspielräume?

Der Auszubildende hatte insgesamt wenig organisatorische Einschränkungen und war damit relativ frei in seiner Planung. Da der Fokus auf der grundsätzlichen Optimierung des Forderungsmanagements lag, nicht auf einem einzelnen Vorgang, gab es keine zeitliche Einschränkung. Da bereits ein Fall vorlag, war jedoch individuell durch den Auszubildenden eine zeitnahe Lösungsfindung erforderlich.

Gibt es alternative Lösungswege und Vorgehensweisen?

Bei dieser Aufgabenstellung sind unterschiedliche Lösungswege denkbar. Es könnten sowohl die Art der Vorgehensweise als auch die Beteiligung der Mitarbeiter, die Wahl der Recherchemittel und weitere Punkte variieren. Die Lösung ist daher völlig offen.

Ermöglichen die Ergebnisse der Fachaufgabe eine Bewertung?

Der Auszubildende und der Geschäftsführer können die Ergebnisse der Fachaufgabe bewerten. So kann z. B. ein mündliches Feedback als Bewertung gelten. Der Auszubildende kann seine Ergebnisse vorstellen und auf Basis seiner Arbeitsweise, der benötigten Zeit und der Ergebnisse kann eine Bewertung der Durchführung inklusive der Klärung des ersten Falls bereits während der Optimierungsphase erfolgen.

Besteht die Möglichkeit, dass der Auszubildende die Aufgabe reflektieren kann?

Der Auszubildende kann anhand seiner gemachten Erfahrungen bei der Durchführung seiner Fachaufgabe seine Handlung reflektieren und Verbesserungen ableiten.

Kann der Auszubildende Verbesserungsvorschläge ableiten?

Der Auszubildende nutzt die Reflexionsphase bereits, um weitere Verbesserungsvorschläge zu unterbreiten. Daher ist die Ableitung hier gegeben.

6.3.3 Was können die Prüferinnen und Prüfer zum Report fragen?

Ihre Prüfung ist als Prüfungsgespräch ausgelegt. Das bedeutet, Sie sollen mit den Prüferinnen und Prüfern ins Gespräch über Ihr Projektthema kommen. Das bedeutet konkret, dass Sie der Prüfungsausschuss nicht nur fachlich „abfragen", sondern Ihre Lösungswege verstehen und hinterfragen sollte. Folgende Fragen könnten sich aus dem Report ergeben:

Fragen zur Planung

- ► Warum haben Sie sich für diese Lösungsmöglichkeit entschieden?
- ► Welche weiteren Lösungsmöglichkeiten hätte es gegeben?
- ► Warum haben Sie sich nicht für eine der weiteren Lösungsmöglichkeiten entschieden?
- ► Warum ist es wichtig, Informationen zum bisherigen Verlauf der Mahnstruktur einzuholen?
- ► Welche weiteren Fragen sollten vor Beginn Ihres Angebotsvergleichs gestellt werden?
- ► Wen kann man intern oder extern bei der Planung hinzuziehen?

Fragen zur Durchführung

- ► Welche weiteren Vorgehensweisen kämen infrage?
- ► Welche weiteren Möglichkeiten gibt es, die Kunden zur schnelleren, pünktlichen Zahlung zu motivieren?
- ► Erläutern Sie Unterschiede von gerichtlichem und außergerichtlichem Mahnverfahren.
- ► Zu welchem Zeitpunkt sollte eine Mahnung verschickt werden?
- ► Erläutern Sie die Unterschiede von Factoring- und Inkassounternehmen.
- ► Welche Inhalte hat eine Offene-Posten-Liste?
- ► Welche rechtlichen Aspekte sind bei dem Umgang mit Kundendaten zu beachten?
- ► Welche Möglichkeiten neben der Beauftragung eines Factoring- oder Inkassounternehmens hätte es noch gegeben?
- ► Welche Gründe neben der angeführten Wirtschaftlichkeit können zusätzlich Einfluss auf die Entscheidung nehmen?
- ► Formulieren Sie mündlich eine Erinnerung.
- ► Formulieren Sie mündlich eine Mahnung.
- ► Erläutern Sie die Auswirkung offener Posten auf die Liquidität.
- ► Welche weiteren Möglichkeiten gibt es, die offenen Posten noch aktueller zu verfolgen?

- Erläutern Sie den Begriff „Offene-Posten-Buchführung".
- Welche Ziele werden mit einer Offene-Posten-Buchhaltung verfolgt?
- Welche Rolle spielen Rabatte oder Skonti, wenn sie dem Kunden eingeräumt werden?
- Unterscheiden Sie Forderungen und Verbindlichkeiten.
- Unterscheiden Sie Debitoren und Kreditoren.

Fragen zum Gesamtzusammenhang

- Welche rechtlichen Aspekte sind bei der Optimierung des Forderungsmanagements zu beachten?
- Welche ökologischen Aspekte haben Sie konkret betrachtet?
- Welche wirtschaftlichen Aspekte mussten Sie berücksichtigen?
- Inwiefern spielten betriebliche Kennzahlen eine Rolle bei der Durchführung Ihrer Aufgabe?

Fragen zur Reflexion

- Welche Schwierigkeiten sind bei der Durchführung Ihrer Aufgabe eingetreten?
- Wie haben Sie aufgetretene Schwierigkeiten behoben?
- Haben Sie vor der Durchführung Ihrer Aufgabe etwas nicht bedacht, das Ihnen erst im Nachhinein bzw. während der Durchführung aufgefallen ist? (Wenn ja, was? Wie haben Sie darauf reagiert?)
- Wie könnte die Durchführung der Aufgabe optimiert werden?
- Wie könnten Sie die Durchführung der Aufgabe beschleunigen/automatisieren/Daten leichter erfassen/Überprüfbarkeit gewährleisten/...?

6.4 Einkauf und Logistik

 ACHTUNG

Bitte beachten Sie, dass die formalen Vorgaben für die Erstellung eines Reports, z. B. Seitengröße, Seiten- und Zeilenabstände (>> **Kapitel 5.1 Formale Aspekte**) aufgrund des Formats dieses Buches nicht übereinstimmen.

6.4.1 Beschaffung von neuen Kartonagen

Aufgabenstellung

Das Unternehmen hat bisher nur große Mengen verschiedener Metallteile zu seinen Kunden geliefert, die Lieferungen wurden in großen Metallboxen verschickt. In diesen konnten je Lieferung je nach Metallteil einige Tausend Stück verschickt werden. Nun möchte das Unternehmen auch kleinere Stückzahlen an seine Kunden versenden und benötigt hierfür erstmalig eigene Kartonagen. Mein Ausbilder hat mir die Aufgabe übertragen, die passenden Kartonagen bis zum 31.07. zu organisieren, da das Unternehmen ab August auch die kleinen Stückzahlen liefern können soll. Für den Bezug der Kartonagen steht ein Budget von 7.000 € netto zur Verfügung.

Ausgangslage

Im August 2014 habe ich meine Ausbildung bei dem Unternehmen Schöne Oberflächen GmbH begonnen. Unser Unternehmen hat sich insbesondere auf Lackiertechnik, Pulverbeschichtung und auf Korrosionsschutz spezialisiert. Pulverbeschichten und Pulverlackieren sind sogenannte Beschichtungsverfahren. Diese Beschichtungsverfahren werden z. B. für verschiedene Metalle angewendet. In unserem Unternehmen haben wir oft spezielle Stahlbauteile, die nach einer Feuerverzinkung in bestimmten Farben (je nach Bauteil und Kundenwunsch) weiterbearbeitet und pulverbeschichtet werden. Stahl wird durch die Beschichtungsmaterialien vor Korrosion geschützt und ist somit weniger rostanfällig.

Planung

Nachdem ich meine Aufgabe erhalten habe, mache ich mir zunächst Gedanken über die einzelnen Schritte, die die Durchführung dieser Aufgabe mit sich bringt. Unser Unternehmen hat in der Vergangenheit noch nie Kartonagen bezogen, daher kann mir in unserem Unternehmen hierzu niemand Auskunft geben oder Fragen beantworten. Ich muss also mindestens die folgenden Punkte bedenken:

► Welche Stückzahlen der Metallteile sollen verschickt werden?

► Welche Größe müssen die Kartonagen also ungefähr haben?

► Welche Stückzahlen sind sinnvoll anzufragen?

► Bei welchen Firmen kann ich Kartonagen anfragen?

► Welche Firmen haben ihren Sitz ggf. in der Nähe unseres Unternehmens?

► Stellen die Firmen die Kartonagen selbst her oder sind diese lediglich Vermittler?

► Gibt es ggf. verschiedene Kartonagenstärken, die bei größerem Gewicht besser geeignet sind?

Bei meiner Recherche muss ich vorrangig auf das Internet zurückgreifen, um Unternehmen ausfindig zu machen. Anschließend muss ich Angebote einholen und einen Angebotsvergleich durchführen. Bei diesem muss ich nicht nur den Preis, sondern auch die Mengen (und ggf. Mengenrabatte), die Stärke sowie die Größe der Kartonagen beachten. Weiter gilt es, die Zeitvorgabe einzuhalten. Ich habe für die Umsetzung meiner Aufgabe zwei Monate Zeit (Anfang Juni bis Ende Juli). Firmen ausfindig zu machen, sollte nicht länger als eine Woche in Anspruch nehmen. Ich muss jedoch berücksichtigen, dass manche Firmen zur Angebotserstellung zunächst ein Kundenkonto für unser Unternehmen anlegen möchten oder müssen, und dass dies, genauso wie die Angebotserstellung selbst, ggf. auch etwa eine weitere Woche benötigen kann.

Das eigentlich Zeitintensive wird sein, die Probe-Kartonagen herstellen zu lassen und dann zugeschickt zu bekommen, da es sich nicht um Standard-Kartonagen handeln wird. Sobald ich sämtliche Muster erhalten habe, muss ich diese vergleichen und einem Praxistext unterziehen (z. B. mit verschiedenen Metallteilen befüllen) und dann eine Entscheidung treffen. Nachdem ich die Entscheidung für einen Anbieter getroffen habe, kann ich die Bestellung durchführen. Zu diesem Zeitpunkt kalkuliere ich mit einer Herstell- bzw. Lieferzeit von etwa 14 Tagen. Eine weitere Vorgabe ist die Einhaltung des Budgets von 7.000 € netto bzw. 8.330 € brutto. Ziel ist es, sämtliche Aufgaben fristgerecht abzuarbeiten und die passenden Kartonagen bis Ende Juli geliefert zu bekommen. Bei der zeitlichen Umsetzung habe ich m. E. keine Möglichkeit, Pufferzeiten einzubauen.

Durchführung

Als erstes gehe ich in unser Lager und lasse mir von einem Mitarbeiter des Lagers die Daten der Metallteile geben, die zukünftig in kleinen Mengen verschickt werden sollen. Anhand der Größe und des Gewichts der Metallteile nehme ich eine Einschätzung vor, welche Maße die Innenseite der Kartonage in etwa haben sollte und mit welchen Gewichten ungefähr zu rechnen ist. Des Weiteren fotografiere ich die Metallteile, um diese Fotos den späteren Anbietern mitsenden zu können. Dadurch fällt ihnen die Angebotserstellung leichter.

Im Anschluss stelle ich mir auf dem Desktop einen Ordner zusammen, der die Fotos als JPEG sowie unseren Handelsregisterauszug und unsere Gewerbeanmeldung jeweils als PDF enthält. Nun recherchiere ich mithilfe des Internets nach Kartonagenherstellern. Ich finde sechs im Umkreis von 200 km. Bei diesen sechs Kartonagenanbietern rufe ich an und lasse mich direkt mit dem zuständigen Mitarbeiter verbinden. Ich hätte auch grundsätzlich eine Anfrage an die „info@"-Adresse schicken können, per Telefon kann ich aber den direkten Ansprechpartner in Erfahrung bringen und erhalte dadurch vermutlich auch schneller eine Antwort. Nachdem ich alle Unternehmen abtelefoniert habe, versende ich meine Anfrage für die Kartonagen individualisiert per E-Mail. Für die Erstellung und den Versand der Musterkartonagen brauchen die von mir angefragten Unternehmen zwischen einer und vier Wochen.

Nachdem ich sämtliche Musterkartonagen erhalten habe, gehe ich mit diesen in unser Lager und teste dort gemeinsam mit einem Mitarbeiter, welche der Metallteile wie am besten und in welcher Menge in die Kartonagen passen. Ich überprüfe, ob die Kartonagen in geklebtem Zustand das jeweilige Gewicht aushalten oder ob sie zu instabil sind. Das jeweilige Ergebnis notiere ich auf einem gesonderten Blatt unter dem Namen des jeweiligen Anbieters. Von einem der Kartonagenanbieter habe ich innerhalb der vier Wochen keine Musterkartonage erhalten. Dieser wird daher in meinem weiteren Vorgehen nicht mehr berücksichtigt.

Ich setze mich nun wieder mit den verbleibenden fünf Anbietern in Verbindung und bespreche mit meinem jeweiligen Gesprächspartner einige Änderungen. Diese Änderungen betreffen die Stärke und Tragfähigkeit der Kartonage sowie die BC-Welle. Des Weiteren versende ich per E-Mail ein PDF, in welchem unser Firmenlogo sowie Kontaktdaten enthalten sind, die auf die Kartonagen gedruckt werden sollen. Im Anschluss werden mir Angebote erstellt, die ich dann miteinander vergleiche.

Hierbei achte ich auf:

▶ Preis und Klischeekosten

▶ die Einhaltung des vorgegebenen Budgets

▶ Lieferzeit (spätester Lieferzeitpunkt muss unbedingt eingehalten werden, eher früher)

▶ Menge/Mengenstaffelungen.

Ich führe einen Angebotsvergleich durch und entscheide mich im Anschluss für ein Angebot. Den anderen Anbietern teile ich mit, dass sie in diesem Fall den Zuschlag leider nicht erhalten.

Zum vereinbarten Lieferzeitpunkt kontrolliere ich die gelieferten Kartonagen und habe somit meine Aufgabe erfüllt.

Reflexion

Mit der Erledigung meiner Aufgabe bin ich sehr zufrieden. Ich hatte trotz des vorgegebenen Budgets und der vorgegebenen Zeit keine Schwierigkeiten mit der Durchführung. Das neue Themengebiet fand ich interessant, auch die komplette alleinige Abwicklung ist mir gelungen.

6.4.2 Analyse des Reports zur Beschaffung von Kartonagen

Hat die Fachaufgabe einen Bezug zu den Ausbildungsinhalten?

Ja, hat sie. Die Fachaufgabe bezieht sich auf Feinlernziele des § 4 Abs. 3 Nr. 4 aus der Ausbildungsordnung für Kaufleute für Büromanagement.

RECHTSGRUNDLAGEN

§ 4 Abs. 3 Nr. 4 BüroMKfAusbV

4.1 Bedarfsermittlung

a) Bedarf an Produkten und Dienstleistungen feststellen

b) Mengen und Termine disponieren

4.2 operativer Einkaufsprozess

a) interne Einkaufsrichtlinien und Rahmenverträge sowie betriebliche Compliance einhalten

b) Bezugsquellen ermitteln, analysieren und Lieferantenvorauswahl treffen

c) Angebote einholen und vergleichen

d) Bestellung durchführen, Auftragsbestätigung mit der Bestellung vergleichen und bei Abweichungen Lösungen vereinbaren

e) Vertragserfüllung überwachen und bei Vertragsstörung Maßnahmen einleiten

4.3 strategischer Einkaufsprozess

a) bei der Verhandlung von Einkaufskonditionen mitwirken

b) Lieferanteninformationen für Entscheidungen systematisch erfassen

c) bei der Erstellung von Rahmenverträgen mitwirken

d) Prozesse der Bedarfsermittlung und des Einkaufs reflektieren und Verbesserungen vorschlagen

---

Werden mehrere Lernziele der gewählten Qualifikationseinheit abgedeckt?

Wie im vorigen Feld bereits erwähnt, werden mit dem Report einige Lernziele der Bereiche Bedarfsermittlung, operativer Einkaufsprozess sowie strategischer Einkaufsprozess abgedeckt. Dazu zählen:

▶ Disposition von Mengen (Kartonagenmengen) und Terminen (Liefertermine der Muster, Liefertermine der Bestellung)

▶ Ermittlung der Bezugsquellen (Kartonagenanbieter)

▶ Geschäftskorrespondenz mit den Anbietern per Telefon und E-Mail

▶ Erfassen von Lieferanteninformationen zur späteren Entscheidungsfindung.

Erfordert die betriebliche Fachaufgabe einen Lösungsprozess?

Die Lösung der Aufgabe durchläuft unter Umständen den Prozess der vollständigen Handlung bzw. den PDCA-Zyklus. Die Auszubildende informiert sich zunächst über mögliche Lösungsvarianten (Planen/Plan), entscheidet sich dann für eine geeignete Vorgehensweise (Entscheiden/Do), führt anschließend die Aufgabe durch (Durchführen/Act) und reflektiert ihre Vorgehensweise, damit sie Veränderungen ableiten kann (Auswerten/Check).

Wird mindestens ein Teil eines realen Geschäftsprozesses abgebildet?

Der Bezug von Kartonagen ist in jedem Fall ein realer Geschäftsprozess.

Erfolgt eine Planung, Durchführung und Auswertung?

Die Auszubildende beschreibt in ihrem Report Planung, Durchführung und Auswertung ihrer Vorgehensweise ausführlich.

Kann die Auszubildende berufliche Handlungskompetenz unter Beweis stellen?

Die Auszubildende benötigt zum Ausführen der Aufgabe alle Kompetenzen, die in Summe die berufliche Handlungskompetenz ergeben:

Fachkompetenz	► Was ist bei Planung des Kartonagenbezugs zu beachten? ► Welche finanziellen Mittel stehen zur Verfügung? ► Welche zeitlichen Vorgaben müssen eingehalten werden? ► Welche Recherchemöglichkeiten bestehen, um möglichst schnell brauchbare Ergebnisse (Anbieter) zu finden? ► Welche Lieferkonditionen gibt es? ► Mit welchen Möglichkeiten können Termine koordiniert werden? ► usw.
Methodenkompetenz	► Wie komme ich an die benötigten Informationen? ► Was genau ist der Arbeitsauftrag? ► Welche Ziele sollen verfolgt werden? ► Wie recherchiere ich im Internet?
Sozialkompetenz	► Welche Wünsche hat mein Vorgesetzter? ► Welche Mitarbeiter muss ich ansprechen? ► Wie spreche ich mit den Mitarbeitern der Kartonagenanbieter? ► Muss ich Informationen austauschen?
Selbstkompetenz	► Das Zeitmanagement war zu beachten. ► Selbstkritik und Selbstreflexion wurden gestärkt. ► Das Selbstbewusstsein wurde gestärkt.

Handelt es sich bei der Aufgabe um keine Routinearbeit und somit um eine Herausforderung für die Auszubildende?

Bei der Tätigkeit handelt es sich zunächst um keine Routinetätigkeit für die Auszubildende, da die Einführung der Kartonagen ein einmaliger Vorgang ist, sofern die Kartonagen selbst insgesamt die richtige Beschaffenheit aufweisen. Lediglich eine Nachbestellung könnte ggf. regelmäßig erfolgen.

Muss der Auszubildende Informationen recherchieren, um die Aufgabe zu lösen?

Für den Auszubildenden waren mehrere Informationen zu recherchieren. So benötigte er die Informationen:

► Welche Metallteile sollen in welcher Menge verpackt werden?

► Welches Gewicht haben die Metallteile?

► Welche Stärke sollte eine Kartonage haben?

► Welche Anbieter gibt es?

► Was sind Klischeekosten?

► usw.

Müssen unterschiedliche Schnittstellen berücksichtigt werden, um die Aufgabe zu lösen?

Die Auszubildende musste mehrere Schnittstellen berücksichtigen. Diese waren zum Beispiel:

► Vorgesetzter

► Mitarbeiter des Lagers

► Mitarbeiter der Kartonagenanbieter

► usw.

Hat die Auszubildende gewisse organisatorische Freiheitsgrade oder eigene Verantwortungs- und Entscheidungsspielräume?

Die Auszubildende hatte insgesamt ein paar organisatorische Einschränkungen: Zum einen gab es eine zeitliche Vorgabe, zum anderen durfte ein gewisses Budget nicht überschritten werden. Dennoch war die Auszubildende relativ frei in ihrer Planung, da ihr die Wahl der Vorgehensweise selbst überlassen war.

Gibt es alternative Lösungswege und Vorgehensweisen?

Bei dieser Aufgabenstellung sind unterschiedliche Lösungswege denkbar. Variieren könnte z. B. die Vorgehensweise bei der Recherche. Ebenso hätten einzelne Schritte in anderer Reihenfolge abgearbeitet werden können. Die Lösung ist daher völlig offen.

Ermöglichen die Ergebnisse der Fachaufgabe eine Bewertung?

Die Auszubildende und die Vorgesetzte können die Fachaufgabe bewerten. So kann z. B. ein mündliches Feedback als Bewertung gelten. Auch die späteren Erfahrungswerte des eigenen Unternehmens mit den bezogenen Kartonagen können in die Bewertung mit einfließen.

Besteht die Möglichkeit, dass die Auszubildende die Aufgabe reflektieren kann?

Die Auszubildende kann anhand ihrer Ergebnisse (Einhalten der zeitlichen und finanziellen Vorgaben, Erfüllung der Aufgabe, Brauchbarkeit der Kartonagen) ihre Handlung reflektieren und Verbesserungen ableiten.

Kann der Auszubildende Verbesserungsvorschläge ableiten?

Der Auszubildende könnte die Reflexionsphase für Verbesserungsvorschläge nutzen, dies geschieht jedoch innerhalb der schriftlichen Reflexion nicht.

6.4.3 Was können die Prüferinnen und Prüfer zum Report fragen?

Ihre Prüfung ist als ein Prüfungsgespräch ausgelegt. Das bedeutet, Sie sollen mit den Prüferinnen und Prüfern in ein Gespräch über Ihr Projektthema kommen. Das bedeutet konkret, dass Sie der Prüfungsausschuss nicht nur fachlich „abfragen", sondern Ihre Lösungswege verstehen und hinterfragen sollte. Folgende Fragen könnten sich aus dem Report ergeben.

Fragen zur Planung

- ► Warum haben Sie sich für diese Lösungsmöglichkeit entschieden?
- ► Welche weiteren Lösungsmöglichkeiten hätte es gegeben?
- ► Warum haben Sie sich nicht für eine der weiteren Lösungsmöglichkeiten entschieden?
- ► Welche weiteren Fragen sollten vor Beginn der Recherche nach Kartonagenherstellern gestellt werden?
- ► Warum ist es wichtig und sinnvoll, Informationen zu den Metallteilen für die Planung zu nutzen?
- ► Wen kann man intern oder extern bei der Recherche nach Kartonagenanbietern hinzuziehen?

Fragen zur Durchführung

- ► Welche weiteren Bezugsquellen kämen infrage?
- ► Welche weiteren Möglichkeiten gibt es, die Liefertermine zu disponieren?
- ► Aus welchem Grund ist es sinnvoll, mit Pufferzeiten zu arbeiten?
- ► Welche Vor- und Nachteile haben Deadlines bzw. zeitliche Vorgaben?

- ▸ Beschreiben Sie bitte die einzelnen Schritte eines Angebotsvergleichs.
- ▸ Welche Kriterien sollten Sie für einen Angebotsvergleich genauer betrachten?
- ▸ Ihr Unternehmen wird in Zukunft von seinem „Stammlieferanten" die Kartonagen beziehen. Welche Vor- und Nachteile kann es haben, stets über einen Stammlieferanten zu beziehen?
- ▸ Über welche verschiedenen Wege können Sie Angebote einholen bzw. erhalten?
- ▸ Wie lange ist ein Angebot gültig (telefonisch/per E-Mail/per Fax/per Post)?
- ▸ Muss nach Ihrer Bestellung eine Auftragsbestätigung geschrieben werden?
- ▸ Muss zu jeder Bestellung eine Auftragsbestätigung geschrieben werden?
- ▸ Welche verschiedenen Zahlungsarten kommen zum Begleichen der späteren Rechnung infrage?
- ▸ Nennen Sie Vor- und Nachteile verschiedener Zahlungsarten.
- ▸ Welche Faktoren müssen Sie überprüfen, wenn Sie die Auftragsbestätigung erhalten?
- ▸ Welche Faktoren überprüfen Sie, wenn Sie die Ware erhalten?
- ▸ usw.

Fragen zum Gesamtzusammenhang

- ▸ Welche rechtlichen Aspekte sind bei dem Bezug von Kartonagen ggf. zu beachten?
- ▸ Welche ökologischen Aspekte haben Sie konkret betrachtet?
- ▸ Welche wirtschaftlichen Aspekte mussten Sie berücksichtigen?

Fragen zur Reflexion

- ▸ Welche Schwierigkeiten sind bei der Durchführung Ihrer Aufgabe aufgetreten?
- ▸ Wie haben Sie aufgetretene Schwierigkeiten behoben?
- ▸ Haben Sie vor der Durchführung Ihrer Aufgabe etwas nicht bedacht, das Ihnen erst im Nachhinein bzw. während der Durchführung aufgefallen ist? (Wenn ja, was? Wie haben Sie darauf reagiert?)
- ▸ Wie könnte die Durchführung der Aufgabe optimiert werden?
- ▸ Wie könnten Sie die Durchführung der Aufgabe beschleunigen/automatisieren/Daten leichter erfassen/Überprüfbarkeit gewährleisten/...?

6.5 Marketing und Vertrieb

 ACHTUNG

Bitte beachten Sie, dass die formalen Vorgaben für die Erstellung eines Reports, z. B. Seitengröße, Seiten- und Zeilenabstände (**>> Kapitel 5.1 Formale Aspekte**) aufgrund des Formats dieses Buches nicht übereinstimmen.

6.5.1 Pflege der Internetseite

Ich habe meine Ausbildung bei der Besser Lernen GmbH absolviert. Das Unternehmen stellt Lernspiele für Kinder und Jugendliche verschiedener Altersgruppen her. Intention bzw. Leitbild des Unternehmens ist es, den Kindern und Jugendlichen beim Lernen zu helfen und das Lernen für Vorschule, Grundschule und weiterführende Schule durch speziell entwickelte Lernspiele zu erleichtern.

Im Rahmen meiner Ausbildung zur Kauffrau für Büromanagement habe ich mich für die Wahlqualifikation „Marketing und Vertrieb" entschieden, da mich dieses Themengebiet besonders interessiert und es von meinem Ausbildungsbetrieb auch angeboten wurde.

Zum Beginn meiner Ausbildungszeit musste ich mich zunächst mit unserem System und unserer Internetpräsenz vertraut machen, zum Ende meiner Ausbildungszeit bin ich für gewisse Bereiche des Internetauftritts unseres Unternehmens selbstständig verantwortlich.

Mein Arbeitsauftrag besteht darin, die Internetseite regelmäßig mit Neuigkeiten zu aktualisieren. Das bedeutet, ich muss z. B. neue Angebote auf unserer Internetseite veröffentlichen, Stellengesuche auf unserer Seite online stellen oder verlinken oder auch den sogenannten Newsticker täglich aktualisieren.

Um diese Aufgaben durchführen zu können, bedarf es einer konkreten Planung. Die Schwierigkeit, die sich bei den durchzuführenden Aktualisierungen ergibt, ist, stets die wichtigsten Neuigkeiten zu erhalten. Ich muss daher zunächst herausfinden, welche Neuigkeiten es am jeweiligen Tag oder in der jeweiligen Woche gibt und von wem ich diese erhalte. Die neuen Angebote erhalte ich beispielsweise von meinem Kollegen aus der Verkaufsabteilung. In der Abteilung Verkauf werden jeden Montag aktuelle Wochenangebote erstellt, welche ich dann montags auf der Internetseite veröffentlichen muss. Die Fotos zu den angebotenen Produkten kann ich mir entweder aus unserem Warenwirtschaftssystem heraussuchen, dort sind sie normaler Weise hinterlegt. Sollten keine Produktfotos hinterlegt sein, kann ich diese bei meinem Kollegen Herrn Sanders im Marketing anfragen.

Für die weiteren Neuigkeiten frage ich meine Kollegen und werte dann aus, welche Neuigkeiten tatsächlich auf unserer Internetseite veröffentlicht werden sollen und welche nicht oder welche ggf. für einen späteren Zeitpunkt vorgemerkt werden können.

Weiter muss ich herausfinden, ob es allgemeine Branchenneuigkeiten gibt. Um diese Informationen zu erhalten, muss ich einerseits regelmäßig mit meinem Vorgesetzten kommunizieren, zum anderen muss ich selbst auch im Internet in verschiedenen Foren und Portalen recherchieren. Hier geht es z. B. um Messetermine von Messen, auf denen auch unser Unternehmen vertreten ist.

Um hier nicht ungeplant jeden Kollegen und Vorgesetzten, der hilfreiche Informationen haben könnte, einzeln aufsuchen zu müssen, habe ich in Absprache mit meinem Ausbilder meine Vorgehensweise optimiert.

Jeden Montag versende ich eine E-Mail an die Kollegen, die mir normalerweise nützliche Informationen geben können. In dieser E-Mail frage ich konkret die Neuigkeiten ab, die ich für die Aktualisierung der Internetseite benötige. So können diese mir meine notwendigen Informationen zeitnah mitteilen, ohne, dass ich meine Kollegen bei ihrer Arbeit unterbreche oder ich viele Notizen machen muss. Ein weiterer Vorteil der dann eingehenden E-Mail-Antworten ist, dass ich gewisse Angaben einfach kopieren, nicht mehr jedoch neu eintippen muss. So ergibt sich eine Zeitersparnis bei der Erfüllung dieser Aufgabe.

Wichtig ist, dass die Aktualisierung wirklich zeitnah und regelmäßig durchgeführt wird, da unsere Kunden immer auf dem neuesten Stand sein wollen und das Internet viele potenzielle aber auch bestehende Kunden immer wieder zu unserem Unternehmen führt und wir einen Großteil unserer Kunden über unser Online-Shop-System bedienen. Um hier unseren Kunden einen Mehrwert bieten zu können, ist es unabdingbar, die Inhalte auf unserer Homepage aktuell zu halten und unser Unternehmen auf diesen Seiten möglichst positiv zu präsentieren. Veraltete Informationen können zu Missverständnissen, schlechten Bewertungen und Kundenabwanderung führen, auch dies unterstützt die Relevanz meiner Aufgabe.

Für die Kontrolle der Inhalte bin ich eigenverantwortlich, d. h. nachdem ich alle neuen Angebote und Informationen auf der Unternehmensseite veröffentlicht habe, überprüfe ich noch einmal die eingegebenen Werte und Informationen und bestätige meine Eingabe anschließend.

Eine Sicherung erfolgt regelmäßig über ein Serviceunternehmen. Die Sicherung erfolgt alle vier Stunden, sodass die Daten von vor vier Stunden wieder hergestellt werden können für den Fall, dass mir doch einmal ein Fehler unterlaufen und ich eine Struktur oder Unterseite versehentlich löschen sollte.

Obgleich ich selbstverantwortlich in dieser Aufgabe handeln darf, erfolgt eine weitere Kontrolle und Bewertung durch meinen Ausbilder. Wir besprechen jeweils montagmittags, ob ich alle relevanten Informationen erhalten und eingestellt habe und welche Schwierigkeiten dabei ggf. aufgetreten sind. Ebenso erhalte ich Feedback von unserem Serviceunternehmen, welches mir Gestaltungs- und Formulierungshinweise für den Newsticker und die Aktualisierungen gibt.

Besonders gut ist mein Ergebnis z. B. dann, wenn durch ein Angebot oder eine Neuigkeit Kunden über unsere Internetseite zu unserem Shop geführt werden und dort sofort eine Kaufhandlung durchführen. Dies ist seitens des Serviceunternehmens nachvollziehbar, da dieses auswerten kann, über welche eingegebene Neuigkeit oder über welches Angebot sich die Kunden informiert haben und welche Informationen weniger interessiert aufgenommen wurden. Diese Auswertung erhalten sowohl mein Vorgesetzter und mein Ausbilder, als auch ich selbst wöchentlich. Anhand dieser Mitteilung können wir außerdem auswerten, welche Beiträge besonders gut ankommen, ob es sich dabei um informative Beiträge oder Angebote handelt, wie entscheidend innerhalb der gut angenommenen Beiträge die Länge oder Kürze des Beitrags ist und natürlich aufgrund welcher Beiträge unsere Kunden direkt eine Bestellung im Online-Shop auslösen.

6.5.2 Analyse des Reports zur Pflege der Internetseite

Hat die Fachaufgabe einen Bezug zu den Ausbildungsinhalten?

Ja, hat sie. Die Fachaufgabe bezieht sich auf Feinlernziele des § 4 Abs. 3 Nr. 5.1 und 5.2 aus der Ausbildungsordnung für Kaufleute für Büromanagement.

 RECHTSGRUNDLAGEN

§ 4 Abs. 3 Nr. 5.1 und 5.2 BüroMKfAusbV

5.1 Marketingaktivitäten

a) Instrumente der Marktbeobachtung und -analyse nutzen und dabei Mitbewerber sowie Marktentwicklungen beachten

b) an der Entwicklung von Marketingmaßnahmen mitwirken

c) Ressourcen planen und organisieren und Kosten ermitteln

d) bei der Durchführung von Marketingmaßnahmen, insbesondere der Verkaufsförderung, mitwirken und diese Maßnahmen dokumentieren

e) Aktivitäten hinsichtlich Zeit, Wirtschaftlichkeit und Qualität überwachen und gegebenenfalls nachsteuern

f) Wirkungen von Marketingmaßnahmen feststellen und Verbesserungsvorschläge entwickeln

5.2 Vertrieb von Produkten und Dienstleistungen

a) Kundendaten und -informationen nutzen

b) Vertriebsformen berücksichtigen

c) Situation des Kunden analysieren, Bedarf feststellen, kundengerechte Lösungsvorschläge entwickeln und erläutern, über Finanzierungsmöglichkeiten informieren; Angebote unterbreiten

d) Verträge und Vertragsverhandlungen vorbereiten und an Vertragsabschlüssen mitwirken

e) Erfüllung von Verträgen überwachen, bei Abweichungen Maßnahmen einleiten

---

Werden mehrere Lernziele der gewählten Qualifikationseinheit abgedeckt?

Wie im vorigen Feld bereits erwähnt, werden mit dem Report einige Lernziele des Bereichs Marketingaktivitäten und Vertrieb von Produkten abgedeckt. Dazu zählen:

▶ Abstimmung mit den Mitarbeitern über die relevanten Neuigkeiten (auch hierbei: Vorbereitung der Durchführung von Marketingmaßnahmen)

▶ Durchführung von Marketingmaßnahmen

▶ Vertriebsformen berücksichtigen (Vertrieb über den Online-Shop)

▶ Kundendaten und -informationen nutzen (regelmäßige Auswertungen der online gestellten Informationen und anschließenden Kundenwege)

▶ Ressourcen planen (zeitliche Planung und Planung der Vorgehensweise beim Einstellen der Neuigkeiten).

Erfordert die betriebliche Fachaufgabe einen Lösungsprozess?

Die Lösung der Aufgabe durchläuft unter Umständen den Prozess der vollständigen Handlung bzw. den PDCA-Zyklus. Die Auszubildende informiert sich zunächst über mögliche Lösungsvarianten (Planen/Plan), entscheidet sich dann für eine geeignete Vorgehensweise (Entscheiden/Do), führt anschließend die Aufgabe durch (Durchführen/Act) und reflektiert ihre Vorgehensweise, damit sie Veränderungen ableiten kann (Auswerten/Check).

Wird mindestens ein Teil eines realen Geschäftsprozesses abgebildet?

Die Pflege der Internetpräsenz ist in jedem Fall ein realer Geschäftsprozess.

Erfolgt eine Planung, Durchführung und Auswertung?

Die Auszubildende beschreibt in ihrem Report Planung, Durchführung und Auswertung ihrer Vorgehensweise ausführlich.

Kann die Auszubildende berufliche Handlungskompetenz unter Beweis stellen?

Die Auszubildende benötigt zum Ausführen der Aufgabe alle Kompetenzen, die in Summe die berufliche Handlungskompetenz ergeben:

Fachkompetenz	► Was ist bei dem Einholen von Neuigkeiten für die Internetseite des Unternehmens zu beachten?
	► Welche Ressourcen stehen zur Verfügung? Welche dieser Ressourcen werden benötigt?
	► Welche Marketingmaßnahmen sollten auf der Internetseite vertreten sein?
	► Welche Aktivitäten/eingestellten Neuigkeiten sind besonders ergebnisreich?
	► Wie werden Kunden besonders auf den Online-Shop aufmerksam?
	► usw.
Methodenkompetenz	► Wie komme ich an die benötigten Informationen?
	► Was genau ist der Arbeitsauftrag?
	► Welche Ziele sollen verfolgt werden?
	► Wie recherchiere ich im Internet?
	► Wie strukturiere ich mein Vorgehen?
	► Welcher Kommunikationsstil sollte bevorzugt werden?
Sozialkompetenz	► Welche Wünsche hat mein Vorgesetzter?
	► Welche Wünsche haben die Kunden?
	► Muss ich Informationen austauschen?
	► Wie spreche ich die Kunden (über unsere Internetseite) am besten an?
Selbstkompetenz	► Das Zeitmanagement war zu beachten (tägliche Arbeit bzw. wöchentliche Auswertungen).
	► Selbstkritik und Selbstreflexion wurden gestärkt.
	► Das Selbstbewusstsein wurde gestärkt.

Handelt es sich bei der Aufgabe um keine Routinearbeit und somit um eine Herausforderung für die Auszubildende?

Bei der Tätigkeit handelt es sich zunächst nicht um eine Routinetätigkeit für die Auszubildende, da sie sich den Umgang mit der Aufgabenstellung sowie die zugehörigen Tätigkeiten erst aneignen muss. Die Tätigkeit entwickelt sich jedoch nach und nach zu einer Routinetätigkeit, die die Auszubildende eigenverantwortlich täglich bzw. wöchentlich ausführen muss.

Die Auszubildende musste lernen, mit auftretenden Schwierigkeiten umgehen zu können und ggf. Fehler selbst zu bemerken und zu korrigieren (z. B. versehentliches Überschreiben oder Löschen einer Seite).

Muss die Auszubildende Informationen recherchieren, um die Aufgabe zu lösen?

Für die Auszubildende waren mehrere Informationen zu recherchieren. So benötigte sie die Informationen:

- ► Welche Neuigkeiten gibt es seitens unseres Unternehmens?
- ► Welche Neuigkeiten gibt es allgemein in der Branche/am Markt?
- ► Welche Angebote hat unser Unternehmen in dieser Woche?
- ► usw.

Müssen unterschiedliche Schnittstellen berücksichtigt werden, um die Aufgabe zu lösen?

Die Auszubildende musste mehrere Schnittstellen berücksichtigen. Diese waren zum Beispiel:

- ► Vorgesetzter
- ► Kollegen
- ► Mitarbeiter des Serviceunternehmens
- ► Ausbilder
- ► usw.

Hat die Auszubildende gewisse organisatorische Freiheitsgrade oder eigene Verantwortungs- und Entscheidungsspielräume?

Die Auszubildende hatte insgesamt wenig organisatorische Einschränkungen und war damit relativ frei in ihrer Planung. Einschränkungen erfuhr ihre Planung durch die geforderte zeitliche Aktualität. Neuigkeiten mussten neu sein, Angebote jeweils wöchentlich aktuell.

Gibt es alternative Lösungswege und Vorgehensweisen?

Bei dieser Aufgabenstellung sind unterschiedliche Lösungswege denkbar. Es könnten sowohl die Art der Vorgehensweise, als auch die Gestaltung der Internetseite variieren. Die Lösung ist daher völlig offen.

Ermöglichen die Ergebnisse der Fachaufgabe eine Bewertung?

Die Aufgabe kann nicht nur durch die Auszubildende, sondern auch durch ihren Vorgesetztem, ihren Ausbilder oder auch das Serviceunternehmen ausgewertet werden. Als aussagekräftiges Feedback kann dabei die Auswertung der Besucherzahlen der Internetseite und des Online-Shops genutzt werden, aufgrund dessen die Auszubildende auch jeweils ihre Planung für die jeweilige nächste Woche angepasst hat.

Besteht die Möglichkeit, dass die Auszubildende die Aufgabe reflektieren kann?

Die Auszubildende kann mithilfe ihrer Erfahrungen und anhand der Auswertungen ihre Handlung reflektieren und Verbesserungen ableiten.

Kann die Auszubildende Verbesserungsvorschläge ableiten?

Die Auszubildende nutzt eine wöchentliche Reflexionsphase, um Verbesserungen vorzunehmen. Daher ist die Ableitung hier gegeben.

6.5.3 Was können die Prüferinnen und Prüfer zum Report fragen?

Ihre Prüfung ist als ein Prüfungsgespräch ausgelegt. Das bedeutet, Sie sollen mit den Prüferinnen und Prüfern in ein Gespräch über Ihr Projektthema kommen. Das bedeutet konkret, dass Sie der Prüfungsausschuss nicht nur fachlich „abfragen", sondern Ihre Lösungswege verstehen und hinterfragen sollte. Folgende Fragen könnten sich aus dem Report ergeben.

Fragen zur Planung

- Warum haben Sie sich für diese Lösungsmöglichkeit entschieden?
- Welche weiteren Lösungsmöglichkeiten hätte es gegeben?
- Warum haben Sie sich nicht für eine der weiteren Lösungsmöglichkeiten entschieden?
- Welche weiteren Fragen sollten vor Beginn einer Homepagegestaltung gestellt werden?
- Welche rechtlichen Aspekte müssen Sie bei der Planung berücksichtigen?
- Welche Rolle spielt Make-or-buy in diesem Zusammenhang?

Fragen zur Durchführung

- Welche weiteren Vorgehensweisen kämen für Ihre Aufgabe infrage?
- Welche weiteren Möglichkeiten gibt es, den Internetauftritt besonders aktuell zu gestalten?
- Aus welchem Grund ist es sinnvoll, den Internetauftritt täglich bis wöchentlich zu aktualisieren?
- Welche Vor- und Nachteile hat die Bereitstellung einer Internetpräsenz für das Unternehmen?
- Wie sind Sie mit der Durchführung Ihrer Aufgabe zurechtgekommen?
- Welche Schwierigkeiten sind bei der Durchführung Ihrer Aufgabe aufgetreten?
- Wie haben Sie aufgetretene Schwierigkeiten behoben?
- Warum haben Sie sich für diese Lösungsmöglichkeit entschieden?
- Welche weiteren Lösungsmöglichkeiten hätte es gegeben?
- Warum haben Sie sich nicht für eine der weiteren Lösungsmöglichkeiten entschieden?
- Welche Vor- und Nachteile hat es für ein Unternehmen, wenn es im Internet präsent ist?

Fragen zum Gesamtzusammenhang

- ► Welche rechtlichen Aspekte sind bei der Gestaltung einer Internetseite zu beachten?
- ► Welche ökologischen Aspekte haben Sie konkret betrachtet?
- ► Welche wirtschaftlichen Aspekte mussten Sie berücksichtigen?
- ► Aus welchem Grund müssen Auszubildende ggf. auf sensible Daten und in Bezug darauf auf Verschwiegenheit hingewiesen bzw. verpflichtet werden? Gibt es dafür rechtliche Grundlagen? Wenn ja, welche?

Fragen zur Reflexion

- ► Wieso haben Sie sich für dieses Thema entschieden?
- ► Welche Themen standen ggf. noch zur Überlegung?
- ► Welche Schwierigkeiten sind bei der Durchführung Ihrer Aufgabe aufgetreten?
- ► Wie haben Sie aufgetretene Schwierigkeiten behoben?
- ► Haben Sie vor der Durchführung Ihrer Aufgabe etwas nicht bedacht, das Ihnen erst im Nachhinein bzw. während der Durchführung aufgefallen ist? (Wenn ja, was? Wie haben Sie darauf reagiert?)
- ► Wie könnte die Durchführung der Aufgabe optimiert werden?
- ► Wie könnten Sie die Durchführung der Aufgabe beschleunigen/automatisieren/Daten leichter erfassen/Überprüfbarkeit gewährleisten/...?
- ► Wie zufrieden sind Sie mit der Durchführung Ihrer Aufgabe?
- ► Wie zufrieden sind Sie mit Ihrem Report?

6.6 Personalwirtschaft

 ACHTUNG

Bitte beachten Sie, dass die formalen Vorgaben für die Erstellung eines Reports, z. B. Seitengröße, Seiten- und Zeilenabstände (**>> Kapitel 5.1 Formale Aspekte**) aufgrund des Formats dieses Buches nicht übereinstimmen.

6.6.1 Bewerbungsmanagement

Arbeitsauftrag

Im Rahmen meiner Ausbildung erhielt ich die Aufgabe, unser Bewerbungsmanagement zu optimieren. Momentan gehen jährlich ca. 50 Bewerbungen auf Ausbildungsstellen ein, die bisher immer „manuell" bearbeitet wurden. Das komplette Bewerbungsmanagement soll nun digitalisiert werden.

Einleitung und Vorstellung

Mein Name ist Sina Hankofer und ich habe meine Ausbildung zur Kauffrau für Büromanagement bei der Spielend Lernen GmbH absolviert. Die Spielend Lernen GmbH verfügt über zahlreiche nationale und internationale Niederlassungen und hat es sich zur Aufgabe gemacht, Kinder und Jugendliche ab dem Vorschulalter bis hin zum Abitur anhand von Lernspielen zu unterstützen. Mein Report behandelt thematisch das Bewerbungsmanagement, da unser Unternehmen jedes Jahr einige Bewerbungen erhält. Dieser Bereich gehört zur Wahlqualifikation „Personalwirtschaft" und hat mich während meiner Ausbildung stets besonders interessiert. In unserem Betrieb sind aktuell ca. 360 Mitarbeiter beschäftigt. Das Unternehmen verfügt über mehrere Niederlassungen. Jährlich gehen ca. 50 Bewerbungen und mehr auf Ausbildungsplätze ein. Dies geschieht entweder per Mail oder klassisch per Post. Meine Aufgabe ist es nun, das Auswahlverfahren zu digitalisieren und damit zu vereinheitlichen.

Planung

Bevor ich mit der Durchführung des Projektes beginne, überlege ich zunächst, was die digitale Bewerbungsauswahl leisten soll. Zum einen soll der Bewerbereingang schnell und einfach erfasst werden, ohne dass große Vorkenntnisse notwendig sind. In unserer Abteilung könnten diese Aufgabe z. B. zukünftig neue Auszubildende übernehmen. Daher war eine Anforderung an den digitalen Bewerbereingang, dass er leicht zu bedienen ist. Eine weitere Anforderung besteht darin, dass mithilfe des Programms Daten übersichtlich dargestellt werden können, dass mithilfe logischer Funktionen eine Auswahl getroffen werden kann und dass es aufgrund der Seriendruckfunktion mit Word kompatibel ist. Außerdem sollte es möglichst nichts kosten, da mir kein Budget für die Aufgabe zur Verfügung gestellt wurde. Für mich gab es nach diesen Überlegungen zwei Möglichkeiten: entweder eine Datenbankprogrammierung mit MS Access oder eine Tabelle in MS Excel. Da ich mit Excel sehr vertraut bin, entschied ich mich zunächst für diese Variante. Im nächsten Schritt der Planung überlegte ich mir, welche Informationen die Tabelle enthalten musste, um sie auswertbar zu gestalten. Ich entschied mich für:

- ► Name, Vorname
- ► Geschlecht (wegen der Seriendruckfunktion)
- ► Anschrift
- ► Postleitzahl

- ▸ Ort
- ▸ Konfession
- ▸ Nationalität
- ▸ Schulabschluss
- ▸ Note Mathematik
- ▸ Note Deutsch
- ▸ Note Englisch
- ▸ unentschuldigte Fehlzeiten
- ▸ Bewerbungseingang per ... (E-Mail oder Post).

Durchführung

Nachdem ich die Grundstruktur der Tabelle gestaltet hatte, machte ich einen Termin mit dem Vorsitzenden unseres Betriebsrates vor Ort aus. Wir haben intern die Vereinbarung, dass unser Betriebsrat bei allen Einstellungsmaßnahmen, die Auszubildende betreffen, zu beteiligen ist. Gemeinsam gingen wir die Punkte meiner Tabelle durch und ich erläuterte ihm die Gründe, warum ich diese Punkte gerne aufnehmen wollte.

Er bat mich darum, Konfession und Nationalität aus meiner Datenbank zu streichen, da sich diese Kriterien unter Umständen negativ auf den Bewerber oder die Bewerberin auswirken könnten. Auch die unentschuldigten Fehlzeiten musste ich streichen. Ich gab den Hinweis, dass man diese Daten ja auch aus den Unterlagen erlesen könnte. Spätestens im Vorstellungsgespräch würden diejenigen, die das Gespräch führten, darauf aufmerksam werden. Anschließend wies mich der Betriebsrat darauf hin, dass dies auch in Ordnung sei, man aber einen Auszubildenden nicht von vornherein über dieses Kriterium ausschließen müsste und er oder sie trotzdem die Chance auf ein Vorstellungsgespräch erhalten sollte. Außerdem bat mich der Betriebsrat darum, eine Spalte einzufügen, in der wir eintragen können, ob es sich um Kinder von Mitarbeitern handelt. Der Betriebsrat war nämlich gerade in Verhandlungen, ob Mitarbeiterkinder nicht generell zum Einstellungstest eingeladen werden sollten.

Nachdem wir uns geeinigt hatten, machte ich mich daran, die Tabelle mit den Bewerberdaten zu füllen. Insgesamt nahm ich 46 Daten auf. Im nächsten Schritt wollte ich die Auszubildenden ermitteln, die wir zu einem Einstellungstest einladen. Voraussetzung für eine Einladung zu einem Einstellungstest ist, dass in den Hauptfächern Deutsch, Mathe und Englisch keine Note schlechter als vier ist. Ich erstellte also eine neue Spalte, in der ich mit einer verschachtelten Wenn-Funktion ermittelte, bei welchem Bewerber eine Einladung erfolgen sollte. Über eine entsprechende Verknüpfung mit der Oder-Funktion konnte ich sicherstellen, dass auch die Mitarbeiterkinder, deren Notenschnitt schlechter war, berücksichtigt wurden. Ich stellte fest, dass das relativ schnell handhabbar war. Im nächsten

Schritt erstellte ich in Word eine Serienbriefvorlage für das Einladungsschreiben und verknüpfte diese mit meiner Excel-Tabelle. Hierbei merkte ich, dass ich weitere Spalten mit Datum und Uhrzeit der Einstellungstests einfügen musste. Also erweiterte ich die Tabelle entsprechend.

Danach fügte ich die Beurteilungskriterien aus Einstellungstests und Vorstellungsgespräch ein. Hierbei wurden Punkte verteilt. Die Bewerber mit den höchsten Punktzahlen sollten später eingestellt werden. Die einzige Herausforderung bei dieser Vorgabe war, dass die Punkte vereinheitlicht werden mussten, da beim Einstellungstest nach dem Notensystem und beim Vorstellungsgespräch nach Punkten bewertet wurde.

Reflexion

Ich habe festgestellt, dass sich das Bewerbermanagement meines Ausbildungsbetriebes durch die Tabelle bereits deutlich optimiert hat. Allerdings muss ich sagen, dass ich die Tabelle zu groß und zu unübersichtlich finde. Durch Unachtsamkeit können außerdem vorher eingegebene Daten gelöscht oder verändert werden. Daher bin ich der Überzeugung, dass mit einer Access-Datenbank noch effektiver gearbeitet werden kann. Allerdings braucht es hier einen Experten, der diese Datenbank programmiert. Die Tabelle als Grundlage für weitere Datentabellen in Access, die dann entsprechend verknüpft werden, ist jedoch eine gute Ausgangslage.

Nachdem der Bewerbungsprozess abgeschlossen war, konnte ich mithilfe meiner Excel-Tabelle wunderbare Auswertungen und Diagramme erstellen, die für unsere Personalstatistik sinnvoll sind. Ich konnte z. B. ermitteln, wie viele Bewerber wir prozentual mit Abitur, Mittlerer Reife und Hauptschulabschluss haben. Ich konnte darstellen, wie sich das Verhältnis von männlichen zu weiblichen Bewerbern verhält und so weiter. Mit einigen Verbesserungen kann diese Datenbank erfolgreich in unserem Bewerbungsprozess eingesetzt werden.

6.6.2 Analyse des Reports zum Bewerbungsmanagement

Hat die Fachaufgabe einen Bezug zu den Ausbildungsinhalten?

Ja, hat sie. Die Fachaufgabe bezieht sich auf Feinlernziele des § 4 Abs. 3 Nr. 6.2 der Ausbildungsordnung für Kaufleute für Büromanagement.

RECHTSGRUNDLAGEN

§ 4 Abs. 3 Nr. 6.2 BüroMKfAusbV

6.2 Personalbeschaffung und -entwicklung

a) Personalbedarfsermittlung unter Berücksichtigung von Anforderungsprofilen unterstützen

b) im Personalbeschaffungsprozess, insbesondere bei Stellenausschreibungen, Auswahlverfahren und Entscheidungsfindungen mitwirken

c) im Bereich der Personalentwicklung insbesondere Maßnahmen im Rahmen der Aus- und Weiterbildung organisieren

d) betriebliche Gesundheitsförderung unterstützen

e) Maßnahmen der Personalbeschaffung und -entwicklung reflektieren und Verbesserungen vorschlagen

---

Werden mehrere Lernziele der gewählten Qualifikationseinheit abgedeckt?

Wie im vorigen Feld bereits erwähnt, werden mit dem Report einige Lernziele des Bereichs Personalbeschaffung abgedeckt:

▸ Mitwirkung im Personalbeschaffungsprozess durch Erstellung einer Datentabelle

▸ Mitwirkung im Auswahlprozess

▸ Reflexion und Verbesserung des Personalbeschaffungsprozesses.

Erfordert die betriebliche Fachaufgabe einen Lösungsprozess?

Die Lösung der Aufgabe durchläuft unter Umständen den Prozess der vollständigen Handlung bzw. den PDCA-Zyklus. Die Auszubildende informiert sich zunächst über mögliche Lösungsvarianten (Planen/Plan), entscheidet sich dann für eine geeignete Vorgehensweise (Entscheiden/Do), erstellt anschließend die Auswertungstabelle (Durchführen/Act) und reflektiert ihre Vorgehensweise, damit sie Veränderungen ableiten kann (Auswerten/Check).

Wird mindestens ein Teil eines realen Geschäftsprozesses abgebildet?

Selbstverständlich handelt es sich hier um einen realen Prozess. Gerade kleinere Unternehmen verfügen höchstwahrscheinlich noch nicht über Datenbanken zur Auswertung ihrer Bewerbungen.

Erfolgt eine Planung, Durchführung und Auswertung?

Die Auszubildende beschreibt in ihrem Report Planung, Durchführung und Auswertung ihrer Vorgehensweise ausführlich.

Kann die Auszubildende berufliche Handlungskompetenz unter Beweis stellen?

Die Auszubildende benötigt zum Ausführen der Aufgabe alle Kompetenzen, die in Summe die berufliche Handlungskompetenz ergeben:

Fachkompetenz	▸ Professioneller Umgang mit MS Excel durch Anwendung von logischen Funktionen ▸ Professioneller Umgang mit MS Word durch Anwendung des Serienbriefes ▸ Rechtliches Wissen über Beteiligungsrechte des Betriebsrates
Methodenkompetenz	▸ Wie komme ich an die benötigten Informationen? ▸ Was genau ist der Arbeitsauftrag? ▸ Welche Ziele sollen verfolgt werden? ▸ Wie recherchiere ich im Internet?
Sozialkompetenz	▸ Welche Wünsche hat mein Vorgesetzter? ▸ Welche Wünsche hat der Betriebsrat? ▸ Muss ich Informationen austauschen?
Selbstkompetenz	▸ Das Zeitmanagement war zu beachten. ▸ Selbstkritik und Selbstreflexion wurden gestärkt. ▸ Das Selbstbewusstsein wurde gestärkt.

Handelt es sich bei der Aufgabe um keine Routinearbeit und somit um eine Herausforderung für die Auszubildende?

Bei der Tätigkeit handelt es sich zunächst um keine Routinetätigkeit für die Auszubildende, auch wenn sie professionell mit dem Problem umgeht. Für sie besteht immer wieder die Herausforderung, ihre Datentabelle entsprechend abzuändern und anzupassen.

Muss die Auszubildende Informationen recherchieren, um die Aufgabe zu lösen?

Für die Auszubildende waren mehrere Informationen zu recherchieren. So benötigte sie die Informationen:

▸ Welche Inhalte sollen in meine Datenbank?

▸ Welche Beteiligungsrechte hat der Betriebsrat bzw. wen muss ich beteiligen?

▸ Wie erstelle ich einen Serienbrief?

▸ Wie erstelle ich die logischen Funktionen in Excel?

▸ Welche Möglichkeiten habe ich außerdem?

Müssen unterschiedliche Schnittstellen berücksichtigt werden, um die Aufgabe zu lösen?

Die Auszubildende musste mehrere Schnittstellen berücksichtigen. Diese waren zum Beispiel:

► Betriebsrat

► Ausbilder.

Hat die Auszubildende gewisse organisatorische Freiheitsgrade oder eigene Verantwortungs- und Entscheidungsspielräume?

Die Auszubildende hatte insgesamt wenig organisatorische Einschränkungen und war damit komplett frei in ihrer Planung. Das könnte damit zusammenhängen, dass es keinen Kostenverlust bei „Versagen" gab.

Gibt es alternative Lösungswege und Vorgehensweisen?

Bei dieser Aufgabenstellung sind unterschiedliche Lösungswege denkbar. So hätte sie z. B. auch direkt in Access programmieren können oder mehrere Tabellenblätter über S-Verweise verknüpfen können.

Ermöglichen die Ergebnisse der Fachaufgabe eine Bewertung?

Die Auszubildende und der Ausbilder können die Aufgabe bewerten. So kann z. B. ein mündliches Feedback als Bewertung gelten.

Besteht die Möglichkeit, dass die Auszubildende die Aufgabe reflektieren kann?

Die Auszubildende hat ihre Aufgabe bereits gut reflektiert.

Kann die Auszubildende Verbesserungsvorschläge ableiten?

Die Auszubildende nutzt die Reflexionsphase bereits um Verbesserungsvorschläge zu unterbreiten. Daher ist die Ableitung hier gegeben.

6.6.3 Was können die Prüferinnen und Prüfer zum Report fragen?

Ihre Prüfung ist als ein Prüfungsgespräch ausgelegt. Das bedeutet, Sie sollen mit den Prüferinnen und Prüfern in ein Gespräch über Ihr Projektthema kommen. Das bedeutet konkret, dass Sie der Prüfungsausschuss nicht nur fachlich „abfragen", sondern Ihre Lösungswege verstehen und hinterfragen sollte. Folgende Fragen könnten sich aus dem Report ergeben.

Fragen zur Planung

► Warum haben Sie sich für diese Lösungsmöglichkeit entschieden?

► Welche weiteren Lösungsmöglichkeiten hätte es gegeben?

► Warum haben Sie sich nicht für eine der weiteren Lösungsmöglichkeiten entschieden?

- Warum ist Ihnen der Weg des Posteingangs wichtig (also ob die Bewerbung per Mail oder per Post kommt)?
- Weshalb sind Ihnen unentschuldigte Fehlzeiten wichtig?

Fragen zur Durchführung

- Sie erwähnten eine Betriebsvereinbarung (BV) zur Beteiligung des Betriebsrates. Wie wäre es, wenn keine BV vorhanden wäre?
- Müssen datenschutzrechtliche Vorgaben beachtet werden?
- Wann ist die Speicherung von Bewerber-Daten nicht mehr erforderlich?
- Erläutern Sie bitte den Begriff „Datenschutz".
- Was sind „personenbezogene Daten"?
- Laut Ihres Reports versenden Sie keine Eingangsbestätigung. Erläutern Sie bitte, warum es jedoch wichtig ist, den Bewerbern eine Eingangsbestätigung für ihre Bewerbungsunterlagen zukommen zu lassen.
- Vergleichen Sie bitte Vor- und Nachteile des Bewerbungsverfahrens per Post gegenüber dem Bewerbungsverfahren per E-Mail/Online.
- Anhand welcher Kriterien kann ein Bewerber von **vornherein** ausgeschlossen werden?
- Anhand welcher Kriterien kann ein Bewerber von der **engeren** Wahl ausgeschlossen werden?
- Sie nutzen in Ihrem Unternehmen einen Interviewleitfaden. Woher stammt dieser und wie genau ist hierdurch die hohe Vergleichbarkeit möglich?
- Welche Rechte hat der Betriebsrat? Ab welcher Mitarbeiterzahl ist die Gründung eines Betriebsrats in einem Unternehmen möglich?
- Ab welcher Zahl an Auszubildenden könnten Sie in Ihrem Unternehmen eine Jugend- und Auszubildendenvertretung gründen?
- Welche Rechte hat der Betriebsrat (neben dem von Ihnen genannten Mitbestimmungsrecht)?
- Wie kann das Bewerbungsverfahren online stattfinden?
- Wie kann das Bewerbungsverfahren online erleichtert werden?
- Welche Punkte müssen Sie beachten, damit auch für Ihr Unternehmen die online erhaltenen Bewerbungen auf keinen Fall verloren gehen?

Fragen zum Gesamtzusammenhang

- Welche rechtlichen Aspekte sind bei der Planung von Veranstaltungen zu beachten?
- Welche ökologischen Aspekte haben Sie konkret betrachtet?
- Welche wirtschaftlichen Aspekte mussten Sie berücksichtigen?

Fragen zur Reflexion

- ▶ Welche Schwierigkeiten sind bei der Durchführung Ihrer Aufgabe aufgetreten?
- ▶ Wie haben Sie aufgetretene Schwierigkeiten behoben?
- ▶ Haben Sie vor der Durchführung Ihrer Aufgabe etwas nicht bedacht, das Ihnen erst im Nachhinein bzw. während der Durchführung aufgefallen ist? (Wenn ja, was? Wie haben Sie darauf reagiert?)
- ▶ Wie könnte die Durchführung der Aufgabe optimiert werden?
- ▶ Wie könnten Sie die Durchführung der Aufgabe beschleunigen/automatisieren/Daten leichter erfassen/Überprüfbarkeit gewährleisten/...?
- ▶ Welche Maßnahmen müssen Sie einleiten, um Ihre Tabelle vor Datenverlust zu sichern?

6.7 Assistenz und Sekretariat

 ACHTUNG

Bitte beachten Sie, dass die formalen Vorgaben für die Erstellung eines Reports, z. B. Seitengröße, Seiten- und Zeilenabstände (**>> Kapitel 5.1 Formale Aspekte**) aufgrund des Formats dieses Buches nicht übereinstimmen.

6.7.1 Organisation einer Geschäftsreise zur *imm cologne*

Arbeitsauftrag

Anfang des Jahres findet regelmäßig die Messe *imm cologne* in Köln statt. Daran nimmt unser Geschäftsführer regelmäßig teil. Mein Auftrag war es, die Geschäftsreise nach Köln zu organisieren.

Ausgangslage

Ich bin Auszubildende für Büromanagement bei Möbelland, einem mittelständischen Einzelhandelsunternehmen für Möbel und Küchen. Wir führen im Umkreis von 50 Kilometern zwei Möbelfilialen mit je vier Fachberaterinnen und Fachberatern. Außerdem haben wir eine Abteilung Buchhaltung, die von zwei Kolleginnen in Teilzeit geführt werden und ein Sekretariat, in dem unsere Sekretärin – meine zuständige Ausbilderin – sowohl personelle Geschäfte erledigt, als auch unserem Chef, Herrn Fay, assistiert. Einen Teil meiner Ausbildung bin ich in der entsprechenden Wahlqualifikation im Sekretariat unseres Unternehmens eingesetzt.

Vom 16.01. bis 22.01. findet im nächsten Jahr die *imm cologne*, die internationale Einrichtungsmesse, in Köln statt. Dieser Termin ist ein Pflichttermin im Kalender meines Vorgesetzten. Von meiner Ausbilderin erhielt ich deshalb den Auftrag, die Geschäftsreise für Herrn Fay und zwei Mitarbeiter aus den Filialen zu organisieren.

Planung

Da ich bisher noch nie selbst eine Geschäftsreise organisiert habe, informierte ich mich zunächst über die einzelnen Planungsschritte und notierte mir als eine Art Checkliste, wie ich vorgehen möchte. Meine Fragestellungen waren:

- ▶ Um wie viel Uhr soll angereist werden?
- ▶ Ist eine mehrtägige Reise oder eine eintägige Reise gewünscht?
- ▶ Mit welchem Verkehrsmittel soll angereist werden?
- ▶ Gibt es eine interne Reiserichtlinie?
- ▶ Wenn eine Übernachtung gewünscht wird, wie teuer soll diese maximal sein?
- ▶ Mit welchen Ausstellern soll ggf. ein Termin vereinbart werden?
- ▶ Welche Mitarbeiter/innen werden ihn begleiten?

Da in meiner Checkliste Fragen auftauchten, die noch nicht eindeutig geklärt waren, holte ich mir bei Herrn Fay die fehlenden Informationen ein. Herr Fay wollte gerne drei Tage die Messe besuchen (die genauen Termine überließ er mir), unter anderem wollte er zu Nobilia (Küchenhersteller), AEG (Gerätehersteller), ASS (Hersteller von Wohnwänden), Nolte und inCasa (Schlafraumsysteme). Hierbei handelt es sich um unsere Hauptlieferanten. Weiterhin bat er mich, sich und seine Begleiter für einen LivingKitchen-Kochevent anzumelden und ihm eine Liste interessanter Vorträge zu erstellen. Die Anreise sollte ich so kostengünstig wie möglich gestalten, Hotelzimmer sollten nicht mehr als 100 € pro Person inklusive Frühstück kosten, in Messenähe liegen und mit öffentlichen Verkehrsmitteln erreichbar sein.

Durchführung

Nachdem ich diese Informationen hatte, informierte ich mich zunächst auf der Seite der *imm cologne* über interessante Vorträge und Workshops und fasste diese in einer Liste mit den entsprechenden Terminen zusammen. Da ich mir unsicher war, welche Workshops genau Herrn Fay interessierten, legte ich ihm die Liste vor und bat ihn, sich für ihn interessante Termine herauszusuchen. Er entschied sich für zwei Vorträge, das LivingKitchen-Kochevent und einen AEG-Workshop für Induktionskochfelder. Da diese Termine auf den 18. bis 20. Januar fielen, war für mich der Termin der Geschäftsreise nun klar.

Als nächstes informierte ich mich über entsprechende Hotels, die den Anforderungen von Herrn Fay entsprachen. Sehr praktisch war hier der Übernachtungsfinder der *imm cologne*. Ich musste lediglich das Aufenthaltsdatum und die Anzahl der Personen eingeben und bekam eine Liste der zur Verfügung stehenden

Übernachtungsmöglichkeiten. Diese umfasste sowohl Hotels, als auch komfortable Jugendherbergen und kleinere Pensionen. Als problematisch erwies sich hier, dass Hotels in Messenähe bereits komplett von den Ausstellern belegt wurden, sodass ich auf etwas entferntere Hotels ausweichen musste. Außerdem lagen die Messepreise zum Teil weit über meinem Preislimit. Nach mehreren Anfragen bei unterschiedlichen Hotels konnte ich das A & O Hotel am Hauptbahnhof buchen.

Nachdem ich dies erledigt hatte, kümmerte ich mich um Beratungstermine bei den Ausstellern. Dazu verfasste ich eine E-Mail an alle Partner, in der ich den Zeitraum des Messebesuchs angab und um entsprechende Terminvorschläge bat. Bei der Auswertung der Termine, die ich erhalten habe, ergab sich das Problem, dass manche Aussteller Termine doppelt belegten, daher musste ich noch einmal mit einigen Lieferanten telefonieren und Termine verschieben.

Als nächstes nahm ich den Vergleich der Verkehrsmittel vor. Ich hatte ja die Bedingung, dass das Verkehrsmittel möglichst kostengünstig sein sollte. Ich recherchierte alle infrage kommenden Verkehrsmittel und verglich sie miteinander. Sinnvoll waren in meinen Augen zum einen die Deutsche Bahn, also eine Anreise mit dem Zug. Da ich frühzeitig recherchierte, wurden mir im Buchungsportal der Deutschen Bahn AG die Frühbucherrabatte angezeigt. Dadurch kam ich auf einen Gesamtpreis für Hin- und Rückfahrt von insgesamt 180 €. Mit jeweiliger Sitzplatzreservierung würde sich der Gesamtpreis auf 195 € belaufen. Vorteilhaft wäre, dass die drei Reisenden erholt in Köln angekommen würden, keinen Parkplatz benötigen und die Umwelt weniger belastet wäre. Nachteilig am Sparpreisticket ist, dass die Reisenden „zuggebunden" sind. Das bedeutet, dass die Tickets nur für die gebuchte Reiseverbindung gelten.

Als Alternative stünde der Pkw zur Verfügung. Hier komme ich auf einen Reisepreis von 0,34 € pro gefahrenen Kilometer. Zugrunde liegt meiner Berechnung die gültige Fahrtkostenpauschale für Pkw (0,30 €) und die Pauschale für Mitreisende (je 0,02 € pro Mitreisender). Damit käme ich bei 540 km Gesamtstrecke auf einen Preis von ca. 184 €. Vorteilhaft an der Fahrt mit dem Auto ist die Flexibilität. Außerdem kann mehr Gepäck transportiert werden. Nachteilig könnten lange Fahrtzeiten durch mögliche Staus sein. Außerdem wird in Köln ein Parkplatz benötigt. Ich legte meinem Vorgesetzten beide Varianten vor. Er entschied sich für die Möglichkeit, mit dem Auto anzureisen.

Also druckte ich ihm eine Anreisebeschreibung aus und legte sie mit den anderen Messeunterlagen in eine Mappe. Zusätzlich speicherte ich die Hoteladresse im Firmennavi. Außerdem rief ich beim Hotel an und bat um eine Parkplatzreservierung.

Nachdem ich alle Tätigkeiten erledigt hatte, stellte ich meinem Chef, Herrn Fay, eine Mappe mit allen Reiseunterlagen zusammen. In die Mappe legte ich einen Routenplan (für den Fall, dass das Navigationssystem streikt), die Adresse und Telefonnummer des Hotels, die Telefonnummern der Aussteller, eine vereinbarte Terminliste mit genauer Standbezeichnung, einen Messeplan der *imm cologne* und die Tickets. Ich gab alle wichtigen Termine an die beiden Mitreisenden weiter.

Um mein Vorgehen im Anschluss besser reflektieren zu können und ein Feedback von den Reisenden zu erhalten, erstellte ich einen kurzen Fragebogen, in dem ich folgende Fragen stellte:

▸ Wie zufrieden waren Sie mit dem gewählten Reisemittel?

▸ Welches Reisemittel hätten Sie noch bevorzugt?

▸ Wie zufrieden waren Sie mit dem ausgewählten Hotel?

▸ Auf was sollte bei der nächsten Hotelbuchung weiterhin geachtet werden?

▸ Wie zufrieden waren Sie mit Ihren Reiseunterlagen?

▸ Welche Unterlagen haben Ihnen gefehlt bzw. könnten beim nächsten Mal noch ergänzt werden?

▸ Wie zufrieden waren Sie mit den zusammengestellten Messeterminen?

▸ Hatten Sie ausreichend Freizeit oder lagen die Termine zu knapp?

▸ Welche Verbesserungsvorschläge haben Sie für die künftige Terminplanung?

Reflexion

Meine Vorgehensweise bei der Planung und Durchführung der Geschäftsreise war strukturiert und durchdacht. Dies bestätigte mir auch Herr Fay, dem insbesondere die Reiseunterlagen gefielen. Als Kritikpunkt merkte er an, dass das A & O-Hotel am Bahnhof für die Anreise mit dem Pkw nicht besonders günstig lag. Diesen Kritikpunkt finde ich hilfreich, beim nächsten Mal würde ich eher auf ein Hotel außerhalb zurückgreifen. Alle drei lobten den Feedbackbogen und füllten ihn gewissenhaft aus. Es stellte sich heraus, dass auch zukünftig der Pkw bevorzugt wird. Meine Terminplanung war gelungen und bot einen guten Ausgleich aus Terminen und Freizeit zum Messebesuch.

6.7.2 Analyse des Reports zur Organisation einer Geschäftsreise

Hat die Fachaufgabe einen Bezug zu den Ausbildungsinhalten?

Ja, hat sie. Die Fachaufgabe bezieht sich auf Feinlernziele des § 4 Abs. 3 Nr. 7.2 und 7.3 aus der Ausbildungsordnung für Kaufleute für Büromanagement.

RECHTSGRUNDLAGEN

§ 4 Abs. 3 Nr. 7.2 und 7.3 BüroMKfAusbV

7.2 Terminkoordination und Korrespondenzbearbeitung

a) Termine koordinieren und überwachen; Wiedervorlage steuern

b) Termingerecht Informationen und Arbeitsergebnisse einfordern und bereitstellen

c) Informationen und Dokumente inhaltlich zusammenstellen

d) Über Dringlichkeit von Informationen und Dokumenten sowie deren Weiterleitung entscheiden

e) Geschäftskorrespondenz führen

7.3 Organisation von Reisen und Veranstaltungen

a) Reisen organisieren, nachbereiten und abrechnen

b) Veranstaltungen organisieren, begleiten und nachbereiten

c) Unterlagen zusammenstellen und aufbereiten

Werden mehrere Lernziele der gewählten Qualifikationseinheit abgedeckt?

Wie im vorigen Feld bereits erwähnt, werden mit dem Report einige Lernziele des Bereichs Terminkoordination und Korrespondenzbearbeitung sowie Organisation von Reisen und Veranstaltungen abgedeckt. Dazu zählen:

▸ Terminplanung in Abstimmung mit Herrn Fay und den Mitreisenden

▸ Terminplanung in Abstimmung mit den Ausstellern der Messe

▸ Geschäftskorrespondenz mit den beteiligten Ausstellern per E-Mail

▸ Organisation der Reise (dazu zählen im Detail: Wahl des Reisemittels und Buchung einer Übernachtungsmöglichkeit)

▸ Zusammenstellung von Unterlagen.

Erfordert die betriebliche Fachaufgabe einen Lösungsprozess?

Die Lösung der Aufgabe durchläuft unter Umständen den Prozess der vollständigen Handlung bzw. den PDCA-Zyklus. Die Auszubildende informiert sich zunächst über mögliche Lösungsvarianten (Planen/Plan), entscheidet sich dann für eine geeignete Vorgehensweise (Entscheiden/Do), führt anschließend die Aufgabe durch (Durchführen/Act) und reflektiert ihre Vorgehensweise, damit sie Veränderungen ableiten kann (Auswerten/Check).

Wird mindestens ein Teil eines realen Geschäftsprozesses abgebildet?

Die Planung einer Geschäftsreise ist in jedem Fall ein realer Geschäftsprozess. Das Konzept des Reisemanagements könnte auch bei jeder anderen Geschäftsreise angewendet werden.

Erfolgt eine Planung, Durchführung und Auswertung?

Die Auszubildende beschreibt in ihrem Report Planung, Durchführung und Auswertung ihrer Vorgehensweise ausführlich.

Kann die Auszubildende berufliche Handlungskompetenz unter Beweis stellen?

Die Auszubildende benötigt zum Ausführen der Aufgabe alle Kompetenzen, die in Summe die berufliche Handlungskompetenz ergeben:

Fachkompetenz	▸ Was ist bei Planung von Geschäftsreisen zu beachten?
	▸ Welche Reisemittel stehen zur Verfügung? Welche Vor- und Nachteile lassen sich jeweils ableiten?
	▸ Welche Portale kann man beim Buchen von Übernachtungen im Internet benutzen?
	▸ Welche Terminarten gibt es?
	▸ Mit welchen Möglichkeiten können Termine koordiniert werden?
	▸ Wie werden E-Mails formuliert? Gilt auch hier die DIN 5008?
	▸ usw.
Methodenkompetenz	▸ Wie komme ich an die benötigten Informationen?
	▸ Was genau ist der Arbeitsauftrag?
	▸ Welche Ziele sollen verfolgt werden?
	▸ Wie recherchiere ich im Internet?
Sozialkompetenz	▸ Welche Wünsche hat mein Vorgesetzter?
	▸ Welche Wünsche haben die Aussteller?
	▸ Muss ich Informationen austauschen?
Selbstkompetenz	▸ Das Zeitmanagement war zu beachten.
	▸ Selbstkritik und Selbstreflexion wurden gestärkt.
	▸ Das Selbstbewusstsein wurde gestärkt.

Handelt es sich bei der Aufgabe um keine Routinearbeit und somit um eine Herausforderung für die Auszubildende?

Bei der Tätigkeit handelt es sich zunächst um keine Routinetätigkeit für die Auszubildende, da die *imm cologne* nur einmal im Jahr stattfindet und die Auszubildende auch noch keine Reise organisiert hat. Unter Umständen könnte es sich aber zu einer Routinetätigkeit entwickeln.

Die Auszubildende musste lernen, mit auftretenden Schwierigkeiten umzugehen und situativ wendig zu reagieren.

Muss die Auszubildende Informationen recherchieren, um die Aufgabe zu lösen?

Für die Auszubildende waren mehrere Informationen zu recherchieren. So benötigte sie die Informationen:

- Was kostet die Anreise mit der Bahn?
- Welche Aussteller sind in welcher Halle?
- Welche Übernachtungsmöglichkeiten gibt es?
- Welche Route kann für die Anreise mit dem Pkw gewählt werden?
- usw.

Müssen unterschiedliche Schnittstellen berücksichtigt werden, um die Aufgabe zu lösen?

Die Auszubildende musste mehrere Schnittstellen berücksichtigen. Diese waren zum Beispiel:

- Hotel
- Aussteller
- Vorgesetzter
- Mitreisende
- usw.

Hat die Auszubildende gewisse organisatorische Freiheitsgrade oder eigene Verantwortungs- und Entscheidungsspielräume?

Die Auszubildende hatte insgesamt wenig organisatorische Einschränkungen und war damit relativ frei in ihrer Planung. Lediglich die Budgetvorgabe und die zu besuchenden Aussteller und Workshops schränkten sie in ihrer Planung ein.

Gibt es alternative Lösungswege und Vorgehensweisen?

Bei dieser Aufgabenstellung sind unterschiedliche Lösungswege denkbar. Es könnten sowohl die Art der Anreise, als auch der Übernachtungsort variieren. Die Lösung ist daher völlig offen.

Ermöglichen die Ergebnisse der Fachaufgabe eine Bewertung?

Die Auszubildende und der Ausbilder können die Geschäftsreise bewerten. So kann z. B. ein mündliches Feedback als Bewertung gelten. Die Auszubildende hat jedoch direkt in ihre Planung einen erarbeiteten Feedbackbogen als Bewertungsmöglichkeit eingebaut.

Besteht die Möglichkeit, dass die Auszubildende die Aufgabe reflektieren kann?

Die Auszubildende kann mithilfe ihrer Bewertungskriterien ihre Handlung reflektieren und Verbesserungen ableiten.

Kann die Auszubildende Verbesserungsvorschläge ableiten?

Die Auszubildende nutzt die Reflexionsphase bereits um Verbesserungsvorschläge zu unterbreiten. Daher ist die Ableitung hier gegeben.

6.7.3 Was können die Prüferinnen und Prüfer zum Report fragen?

Ihre Prüfung ist als ein Prüfungsgespräch ausgelegt. Das bedeutet, Sie sollen mit den Prüferinnen und Prüfern in ein Gespräch über Ihr Projektthema kommen. Das bedeutet konkret, dass Sie der Prüfungsausschuss nicht nur fachlich „abfragen", sondern Ihre Lösungswege verstehen und hinterfragen sollte. Folgende Fragen könnten sich aus dem Report ergeben.

Fragen zur Planung

► Warum haben Sie sich für diese Lösungsmöglichkeit entschieden?

► Welche weiteren Lösungsmöglichkeiten hätte es gegeben?

► Warum haben Sie sich nicht für eine der weiteren Lösungsmöglichkeiten entschieden?

► Welche weiteren Fragen sollten vor Beginn einer Geschäftsreise gestellt werden?

► Warum ist es wichtig und sinnvoll, Informationen aus den Vorjahren für die Planung von Geschäftsreisen zu nutzen?

► Wen kann man intern oder extern bei der Planung von Geschäftsreisen hinzuziehen?

Fragen zur Durchführung

► Worauf achten Sie bei der Hotelbuchung?

► Welche internen Informationen sind bei der Geschäftsreiseplanung unerlässlich?

► Erklären Sie wichtige Inhalte der Reisekostenabrechnung.

► Welche Versicherungen müssen unter Umständen abgeschlossen werden?

► Welche Kosten können bei der Abrechnung einfließen, welche nicht?

Fragen zum Gesamtzusammenhang

► Welche ökologischen Aspekte haben Sie konkret betrachtet?

► Welche wirtschaftlichen Aspekte mussten Sie berücksichtigen?

Fragen zur Reflexion

- ▶ Welche Schwierigkeiten sind bei der Durchführung Ihrer Aufgabe aufgetreten?
- ▶ Wie haben Sie aufgetretene Schwierigkeiten behoben?
- ▶ Haben Sie vor der Durchführung Ihrer Aufgabe etwas nicht bedacht, das Ihnen erst im Nachhinein bzw. während der Durchführung aufgefallen ist? (Wenn ja, was? Wie haben Sie darauf reagiert?)
- ▶ Wie könnte die Durchführung der Aufgabe optimiert werden?
- ▶ Wie könnten Sie die Durchführung der Aufgabe beschleunigen/automatisieren/Daten leichter erfassen/Überprüfbarkeit gewährleisten/...?

6.8 Öffentlichkeitsarbeit und Veranstaltungsmanagement

 ACHTUNG

Bitte beachten Sie, dass die formalen Vorgaben für die Erstellung eines Reports, z. B. Seitengröße, Seiten- und Zeilenabstände (**>> Kapitel 5.1 Formale Aspekte**) aufgrund des Formats dieses Buches nicht übereinstimmen.

6.8.1 Planung einer Kennenlernfahrt für neue Auszubildende

Arbeitsauftrag

Jedes Jahr zu Beginn des neuen Ausbildungsjahres erhalten Auszubildende des zweiten oder dritten Ausbildungsjahres den Auftrag, eine Willkommensveranstaltung für neue Auszubildende unseres Unternehmens zu planen. Dieses Jahr erhielt ich diesen Auftrag. Als Rahmenbedingung bekam ich ein Pro-Kopf-Budget von ca. 130 € pro Auszubildenden. Die Willkommensveranstaltung sollte zwischen zwei und vier Tagen dauern. Außerdem sollten alle wichtigen Informationen enthalten sein, die neue Auszubildende zu Beginn ihrer Ausbildung wissen sollten.

Ausgangslage

Ich bin bei der Lecker Essen GmbH in Hünfeld beschäftigt. Mit über 300 Lebensmittelmärkten in Hessen, Bayern und Thüringen sind wir ein führendes Einzelhandelsunternehmen. Unser Sortiment umfasst über 2.500 Bioprodukte und ca. 600 Eigenmarken-Produkte. Wir beschäftigen ca. 6.000 Mitarbeiterinnen und Mitarbeiter. Jährlich bilden wir ca. 30 Auszubildende in den Berufen Einzelhandel, Groß- und Außenhandel, sowie Büromanagement aus. Jedes Jahr findet zu Beginn der Ausbildung eine „Kennenlernwoche" statt, deren Planung immer in die Hände von Auszubildenden übergeben wird.

Planung

Zunächst habe ich mir mit einem Brainstorming Gedanken gemacht, welche Inhalte für neue Auszubildende zu Beginn ihrer Ausbildung relevant sind bzw. welche Inhalte vom Unternehmen verpflichtend vermittelt werden müssen. Anschließend informierte ich mich über mögliche Veranstaltungsorte, die in der Nähe und im Budget liegen. Außerdem informierte ich mich im Projektordner der vergangenen Jahre und im Internet über weitere Programmpunkte, wie Kennenlernspiele, Kommunikationsspiele oder Teamspiele.

Durchführung/Begründung

Nachdem ich eine grobe Planung aufgestellt hatte, recherchierte ich konkret im Internet, welche Veranstaltungsorte für mich infrage kämen. Hier achtete ich besonders auf die Größe der Location (Anzahl der Betten und Anzahl von Seminarräumen), auf den Preis der Übernachtung und Vollpension, sowie auf die Entfernung des Veranstaltungsortes. Infrage kamen hier unterschiedliche Locations.

Ich entschied mich für die Jugendbildungsstätte auf der Wasserkuppe. Diese Jugendbildungsstätte ist von Fulda in ungefähr 30 Minuten erreichbar. Außerdem liegt sie auf dem höchsten Berg Hessens, der gleichzeitig Wahrzeichen unserer Region ist. Mit einem Tagessatz von 45 € lassen sich zwei Übernachtungen sehr gut realisieren. Die Jugendbildungsstätte verfügt über eine sehr große Anzahl von Zimmern, einen größeren Plenarraum und mehrere kleine Workshop-Räume. Neben dem Hauptprogramm gibt es auf der Wasserkuppe ein sehr attraktives Freizeitangebot.

Nach meiner Terminanfrage stellte sich heraus, dass die Jugendbildungsstätte vom 1. bis 3. September noch Kapazitäten hatte. Der Termin lag optimal, so konnten wir die Veranstaltung direkt zu Ausbildungsbeginn auf den 1. September legen. Nachdem mein Ausbilder mit dem Vorschlag zur Location und dem Preisangebot einverstanden war, reservierte ich die Jugendbildungsstätte.

Danach recherchierte ich, welche Inhalte unbedingt in den ersten Tagen den Auszubildenden vermittelt werden sollten. Dazu gehören z. B. die Verschwiegenheitsverpflichtung, Verpflichtungen zum Datenschutz und zur Datensicherheit, eine Unterweisung im Bereich Arbeitsschutz und Arbeitssicherheit, „Spielregeln" im Betrieb/in der Ausbildung, Rechte und Pflichten, Vorstellung des Ausbildungsbetriebes (Firmenziele, Corporate Identity, Unternehmensphilosophie, Geschichte, Organisation), Vorstellung der Ausbilder etc. Außerdem stellte ich mir die Frage, was mir in den ersten Tagen der Ausbildung wichtig war, z. B.: Was hat mich sehr interessiert? Was hat mich gar nicht interessiert? Wie sind meine Kolleginnen und Kollegen? Kann ich eine Fahrgemeinschaft bilden?

Nachdem ich alles gesammelt hatte, überlegte ich zunächst, ob mich jemand bei den Inhalten unterstützen könnte. Wir haben beispielsweise eine Fachkraft für Arbeitssicherheit, die den Bereich Arbeitsschutz abdecken könnte, ebenso könnte der Datenschutzbeauftragte meines Unternehmens die Unterweisung für Datenschutz übernehmen. Für die Vorstellung des Ausbildungsbetriebes hatte ich meine Präsentation, die ich in der Berufsschule im Lernfeld 1 vorstellen musste. Das bedeutete, dass ich diese Vorstellung übernehmen könnte. Rechte und Pflichten in der Ausbildung könnte vielleicht die Jugend- und Auszubildendenvertretung vorstellen. Ich erstellte also eine Liste möglicher Rednerinnen und Redner und fragte diese telefonisch ab, ob und wann sie in meinem Zeitrahmen Zeit für einen Vortrag hätten und wie lange dieser schätzungsweise dauern könnte.

Nachdem ich alle Referenten erfragt hatte, erstellte ich einen möglichen Ablaufplan für die Tage. Dabei versuchte ich darauf zu achten, Vorträge und Gruppenarbeiten möglichst abwechslungsreich zu setzen und genügend Pausen einzuplanen. Aufgrund des straffen Programms war dies jedoch schwer möglich. Auch Pufferzeiten ließen sich schwer einbauen. Bei den Kennenlernspielen achtete ich darauf, dass sie möglichst viele Informationen über die neuen Auszubildenden preisgaben, aber auch Teamverhalten förderten. So nahm ich als erstes Kennenlernspiel eine Art „Blitzdate" in mein Programm auf. Außerdem sollten die Auszubildenden einen Turm aus Papier nach bestimmten Vorgaben bauen.

Den Ablauf besprach ich anschließend mit meinem Ausbilder, der aber keine Einwände hatte. Danach erstellte ich die Teilnehmerunterlagen und kopierte sie in entsprechender Anzahl. Zur Reflexion der Veranstaltung erarbeitete ich ein Feedbackplakat mit Zielscheibe.

Anschließend organisierte ich ein Busunternehmen, dass für den Transfer von Hünfeld zur Wasserkuppe und zurück sorgte und schrieb die Einladungsschreiben für die Teilnehmer. Hier konnte ich auf Dateien vom letzten Jahr zurückgreifen, die auf einem USB-Stick gespeichert waren. Das erleichterte mir die Arbeit sehr.

Reflexion

Nachdem die Veranstaltung vorbei war, reflektierte ich meine Vorgehensweise gemeinsam mit meinem Ausbilder. Grundlegend war mein Konzept gut durchdacht, aber ich hatte ein enormes zeitliches Problem. Dies hatte ich ja bereits im Vorfeld befürchtet. Ich hatte zu viele Informationen vorbereitet, sodass die Zeit für das eigentliche Kennenlernen viel zu kurz war. Das reflektierten mir auch die Auszubildenden an der Reflexionszielscheibe. Sie hätten sich mehr Workshops und weniger Vorträge gewünscht. Das habe ich genauso empfunden, an der ein oder anderen Stelle hat der Vortrag einfach zu lange gedauert und könnte beim nächsten Mal gestrichen werden.

Zukünftig könnte ich mir vorstellen, dass man z. B. den Ausbildungsbetrieb in Gruppenarbeit erarbeiten und präsentieren lässt. So hätte man einen Workshop mehr, die Auszubildenden könnten sich besser kennenlernen und die Ausbilder könnten die Präsentationsfähigkeit der Auszubildenden kennenlernen. Auch die Erarbeitung der Rechte und Pflichten könnten durchaus in Gruppenarbeit geschehen. Am Datenschutzbeauftragten und der Fachkraft für Arbeitssicherheit würde ich weiterhin festhalten, da die Auszubildenden diese zwei Ansprechpartner so direkt kennenlernen. Leider konnten aufgrund des Zeitmangels die Freizeitangebote der Wasserkuppe nicht mehr genutzt werden. Also könnte man zukünftig auch andere Locations ohne größere Freizeitangebote nutzen. Mit dem zur Verfügung stehenden Budget bin ich sehr gut zurechtgekommen. Insgesamt ergab sich eine Pro-Kopf-Ausgabe von 128,36 €.

6.8.2 Analyse des Reports zur Planung einer Kennenlernfahrt

Hat die Fachaufgabe einen Bezug zu den Ausbildungsinhalten?

Ja, hat sie. Die Fachaufgabe bezieht sich auf § 4 Abs. 3 Nr. 8.2 aus der Ausbildungsordnung für Kaufleute für Büromanagement und deckt folgende Punkte ab:

 RECHTSGRUNDLAGEN

§ 4 Abs. 3 Nr. 8.2 BüroMKfAusbV

a) an Veranstaltungsplanungen, insbesondere hinsichtlich Öffentlichkeitsarbeit, Ressourcenkalkulation, räumlicher Organisation und Ausstattung mitwirken und dabei wirtschaftliche, rechtliche und ökologische Aspekte berücksichtigen.

b) Einladungen und Teilnehmerunterlagen erarbeiten sowie Teilnehmer bei Anfragen und organisatorischen Problemen unterstützen

c) Prozesse und Dienstleistungen koordinieren und überwachen, dabei betriebliche Compliance einhalten und bei Abweichungen Maßnahmen einleiten

d) Kosten nachkalkulieren, Rechnungen prüfen und kontieren

e) Veranstaltungen dokumentieren und analysieren, Informationen für die Öffentlichkeitsarbeit und nachfolgende Prozesse nutzen

Werden mehrere Lernziele der gewählten Qualifikationseinheit abgedeckt?

Wie im vorigen Feld bereits erwähnt, werden mit dem Report alle Lernziele des Bereichs Veranstaltungsplanung abgedeckt:

► Ressourcenkalkulation (Pro-Kopf-Budget)

► räumliche Organisation und Ausstattung

► Beachten von wirtschaftlichen und ökologischen Aspekten

► Erarbeitung von Einladungen und Teilnehmerunterlagen

► Dokumentation und Analyse der Veranstaltung.

Erfordert die betriebliche Fachaufgabe einen Lösungsprozess?

Die Lösung der Aufgabe durchläuft unter Umständen den Prozess der vollständigen Handlung bzw. den PDCA-Zyklus. Die Auszubildende informiert sich zunächst über mögliche Lösungsvarianten (Planen/Plan), entscheidet sich dann für eine geeignete Vorgehensweise (Entscheiden/Do), führt anschließend die Aufgabe durch (Durchführen/Act) und reflektiert ihre Vorgehensweise, damit sie Veränderungen ableiten kann (Auswerten/Check).

Wird mindestens ein Teil eines realen Geschäftsprozesses abgebildet?

Die Planung einer Willkommensveranstaltung ist ein realer Geschäftsprozess. Das Konzept der Veranstaltungsplanung könnte auch bei jeder anderen Veranstaltung angewendet werden.

Erfolgt eine Planung, Durchführung und Auswertung?

Die Auszubildende beschreibt in ihrem Report Planung, Durchführung und Auswertung ihrer Vorgehensweise ausführlich.

Kann die Auszubildende berufliche Handlungskompetenz unter Beweis stellen?

Die Auszubildende benötigt zum Ausführen der Aufgabe alle Kompetenzen, die in Summe die berufliche Handlungskompetenz ergeben:

Fachkompetenz	► Was ist bei Veranstaltungsplanung zu beachten?
	► Welche Inhalte müssen zu Beginn der Ausbildung vermittelt werden?
	► Wie werden Teilnehmerunterlagen erstellt?
	► Wie wird der Serienbrief erstellt?
	► Welche Inhalte haben Einladungsschreiben?
	► Wie wird die DIN 5008 in diesem Zusammenhang angewendet?
	► usw.
Methodenkompetenz	► Wie komme ich an die benötigten Informationen?
	► Was genau ist der Arbeitsauftrag?
	► Welche Ziele sollen verfolgt werden?
Sozialkompetenz	► Wünsche von Kunden und Mitarbeitern mussten wahrgenommen werden.
	► Es musste im Team gearbeitet werden.
	► Informationen mussten ausgetauscht werden.
Selbstkompetenz	► Das Zeitmanagement war zu beachten.
	► Selbstkritik und Selbstreflexion wurden gestärkt.
	► Das Selbstbewusstsein wurde gestärkt.

Handelt es sich bei der Aufgabe um keine Routinearbeit und somit um eine Herausforderung für die Auszubildende?

Bei der Tätigkeit handelt es sich um keine Routinetätigkeit für die Auszubildende. Mit auftretenden Schwierigkeiten muss sie ggf. umgehen können und situativ wendig reagieren.

Muss die Auszubildende Informationen recherchieren, um die Aufgabe zu lösen?

Für die Auszubildende waren mehrere Informationen zu recherchieren. So benötigte sie die Informationen:

➤ Welche Inhalte sollen in die Willkommensveranstaltung?

➤ Wo kann die Veranstaltung stattfinden?

➤ Was kostet die Veranstaltung?

➤ Welche Kennenlernspiele o. Ä. gibt es?

Müssen unterschiedliche Schnittstellen berücksichtigt werden, um die Aufgabe zu lösen?

Die Auszubildende musste mehrere Schnittstellen berücksichtigen. Diese waren zum Beispiel:

➤ Jugendherberge

➤ Ausbilder

➤ Betriebsrat

➤ Datenschutzbeauftragter.

Hat die Auszubildende gewisse organisatorische Freiheitsgrade oder eigene Verantwortungs- und Entscheidungsspielräume?

Die Auszubildende hatte insgesamt wenig organisatorische Einschränkungen und war damit relativ frei in ihrer Planung. Lediglich die Budgetvorgabe und Vorgabe der Dauer schränkten sie in ihrer Planung ein.

Gibt es alternative Lösungswege und Vorgehensweisen?

Bei dieser Aufgabenstellung sind unterschiedliche Lösungswege denkbar. Es könnten sowohl die Dauer der Veranstaltung variieren, als auch der Veranstaltungsort. Inhaltlich könnte die Auszubildende anders planen, sie könnte andere Referenten bevorzugen und so weiter. Die Lösung ist daher völlig offen.

Ermöglichen die Ergebnisse der Fachaufgabe eine Bewertung?

Die Auszubildende und der Ausbilder können die Ergebnisse der Veranstaltungsplanung durchaus bewerten. Gute Bewertungsmedien sind hierfür Soll-Ist-Vergleiche oder der Abgleich einer Checkliste. Außerdem wurde die Veranstaltung an sich ja mit einem Feedback bewertet.

Besteht die Möglichkeit, dass der Auszubildende die Aufgabe reflektieren kann?

Die Auszubildende kann mithilfe ihrer Bewertungskriterien ihre Handlung reflektieren und Verbesserungen ableiten.

Kann der Auszubildende Verbesserungsvorschläge ableiten?

Die Auszubildende nutzt die Reflexionsphase bereits um Verbesserungsvorschläge zu unterbreiten. Daher ist die Ableitung hier gegeben.

6.8.3 Was können die Prüferinnen und Prüfer zum Report fragen?

Ihre Prüfung ist als ein Prüfungsgespräch ausgelegt. Das bedeutet, Sie sollen mit den Prüferinnen und Prüfern in ein Gespräch über Ihr Projektthema kommen. Das bedeutet konkret, dass Sie der Prüfungsausschuss nicht nur fachlich „abfragen", sondern Ihre Lösungswege verstehen und hinterfragen sollte. Folgende Fragen könnten sich aus dem Report ergeben.

Fragen zur Planung

➤ Warum haben Sie sich für diese Lösungsmöglichkeit entschieden?

➤ Welche weiteren Lösungsmöglichkeiten hätte es gegeben?

➤ Warum haben Sie sich nicht für eine der weiteren Lösungsmöglichkeiten entschieden?

➤ Welche weiteren Fragen sollten vor Beginn einer Veranstaltungsplanung gestellt werden?

➤ Warum ist es wichtig und sinnvoll, Informationen aus den Vorjahren für die Planung von Veranstaltungen zu nutzen?

➤ Wen kann man intern oder extern bei der Planung von Veranstaltungen hinzuziehen?

Fragen zur Durchführung

➤ Welche weiteren Veranstaltungsorte kämen für Ihre Veranstaltung infrage?

➤ Welche weiteren Möglichkeiten gibt es, den Einstieg in die Ausbildung „besonders" zu gestalten?

➤ Aus welchem Grund ist es sinnvoll, den Ausbildungsbeginn feierlich zu gestalten?

➤ Welche Vor- und Nachteile haben Kennenlernfahrten für Ausbildende und Auszubildende?

Fragen zum Gesamtzusammenhang

➤ Welche rechtlichen Aspekte sind bei der Planung von Veranstaltungen zu beachten?

- Welche ökologischen Aspekte haben Sie konkret betrachtet?
- Welche wirtschaftlichen Aspekte mussten Sie berücksichtigen?
- Aus welchem Grund müssen Auszubildende auf Arbeitsschutz und Verschwiegenheit hingewiesen bzw. verpflichtet werden? Gibt es dafür rechtliche Grundlagen? Wenn ja, welche?

Fragen zur Reflexion
- Welche Schwierigkeiten sind bei der Durchführung Ihrer Aufgabe aufgetreten?
- Wie haben Sie aufgetretene Schwierigkeiten behoben?
- Haben Sie vor der Durchführung Ihrer Aufgabe etwas nicht bedacht, das Ihnen erst im Nachhinein bzw. während der Durchführung aufgefallen ist? (Wenn ja, was? Wie haben Sie darauf reagiert?)
- Wie könnte die Durchführung der Aufgabe optimiert werden?
- Wie könnten Sie die Durchführung der Aufgabe beschleunigen/automatisieren/Daten leichter erfassen/Überprüfbarkeit gewährleisten/...?

 INFO

Da der Bereich Verwaltung und Öffentliche Finanzwirtschaft eher von Verwaltungsfachangestellten erlernt wird und seltener von Kaufleuten für Büromanagement, finden sich hier keine Beispielreporte

Themenvorschläge für diese Bereiche sind im **>> Kapitel 2 Aufbau eines Reports und Anforderungen** aufgelistet, die Gliederung des Reports erfolgt analog zu den abgedruckten Beispielen.

7. Bewertungskriterien der zuständigen Kammer

Der Deutsche Industrie- und Handelskammertag (DIHK) hat eine Umsetzungs-empfehlung für die Durchführung der Abschlussprüfung der Kaufleute für Büro-management veröffentlicht und gibt darin Handlungs- sowie Bewertungsemp-fehlungen unter anderem für Prüfer. Am Ende der Ausbildung der Kaufleute für Büromanagement wird ein fallbezogenes Fachgespräch durchgeführt. Anwesend sind dabei der Prüfungsausschuss, meist bestehend aus drei Prüfern, sowie aus dem Prüfling. Das fallbezogene Fachgespräch basiert auf einer Fachaufgabe in der Wahlqualifikation. Dies bedeutet, der Prüfling erarbeitet im Vorfeld der Prüfung einen Report, verfasst diesen, reicht ihn ein und stellt ihn letztlich in der Prüfung, also dem fallbezogenen Fachgespräch, dem Prüfungsausschuss vor, der anschlie-ßend hierzu Fragen stellt. Für die Dauer der Prüfung sind ca. 20 Minuten ange-setzt, die Gewichtung dieses Prüfungsteils liegt bei 35 %.

Laut Umsetzungsempfehlung des DIHK sollen die Prüflinge in der Fachaufgabe in der Wahlqualifikation nachweisen, dass sie in der Lage sind:

► berufstypische Aufgabenstellungen zu erfassen

► Probleme und Vorgehensweisen zu erörtern sowie

► Lösungswege zu entwickeln, zu begründen und zu reflektieren

► kunden- und serviceorientiert zu handeln

► betriebspraktische Aufgaben unter Berücksichtigung wirtschaftlicher, ökologi-scher und rechtlicher Zusammenhänge zu planen, durchzuführen und auszu-werten sowie

► Kommunikations- und Kooperationsbedingungen zu berücksichtigen.

Ebenso soll der Prüfling im fallbezogenen Fachgespräch Fragen zu dem von ihm erstellten Report beantworten. Für das Gespräch hat der Deutsche Industrie- und Handelskammertag ebenfalls Vorgaben festgelegt:

► Grundlage für das Fachgespräch ist eine der beiden festgelegten Wahlqualifi-kationen.

► Bewertet werden die Leistungen, die der Prüfling im fallbezogenen Fachge-spräch zeigt.

► Die Prüfungszeit beträgt höchstens 20 Minuten.

► Das Fachgespräch wird mit einer Darstellung von Aufgabe und Lösungsweg durch den Prüfling eingeleitet.

Dies bedeutet für Sie als Prüfling, dass Sie während des Prüfungszeitraums von 20 Minuten als erstes das Wort haben. Sie dürfen Ihren Report vorstellen und er-läutern, anschließend findet das Fachgespräch statt und Ihnen werden Fragen ge-stellt, die sich aus Ihrem Report für die Prüfer ergeben.

Für das fallbezogene Fachgespräch erhält jeder Prüfer von der zuständigen Kammer einen Bewertungsbogen für das fallbezogene Fachgespräch. Jeder Prüfer muss hierauf seine Ergebnisse bzw. Eindrücke während der Prüfung festhalten, in der Phase des Zurückziehens und der Notenbesprechung werden diese Einschätzungen dann verglichen und der Prüfungsausschuss einigt sich auf ein Ergebnis.

Auf dem Bewertungsbogen muss der Prüfer den Namen des Prüfungsteilnehmers bzw. die entsprechende Prüflingsnummer notieren und die ausgewählte Wahlqualifikation angeben. Des Weiteren muss der Zugangsweg zum fallbezogenen Fachgespräch angekreuzt werden:

Wurde ein Report über eine betriebliche Fachaufgabe erstellt oder wurde eine praxisbezogene Aufgabe durch den Prüfungsausschuss gestellt und bearbeitet?

Anschließend müssen verschiedene Kriterien im Rahmen der Prüfung bewertet werden, hier stehen die folgenden Kriterien im Vordergrund:

► Planung
► Durchführung und Begründung der Vorgehensweise
► Berücksichtigung der Rahmenbedingungen und des Gesamtzusammenhangs
► Kontrolle und Bewertung der Ergebnisse.

 INFO

Für Prüferinnen und Prüfer des IHK gibt es eine Umsetzungsempfehlung für die Durchführung von Abschlussprüfungen Kaufmann/-frau für Büromanagement. Diese Empfehlung fußt auf der „Verordnung über die Erprobung abweichender Ausbildungs- und Prüfungsbestimmungen" sowie auf der „Verordnung über den Ausbildungsberuf Kaufmann/-frau für Büromanagement".

Diese Bewertungskriterien lassen sich noch genauer darstellen.

Zur Planung gehört:
► das Erfassen berufstypischer Aufgabenstellungen
► das Planen betriebspraktischer Aufgaben
► das Entwickeln von Lösungswegen.

Zur Durchführung und Begründung der Vorgehensweise gehört:
► das Erörtern von Problemen und Vorgehensweisen
► ein kunden- und serviceorientiertes Handeln
► die Durchführung betriebspraktischer Aufgaben
► das Begründen von Lösungswegen.

Zur Berücksichtigung der Rahmenbedingungen und des Gesamtzusammenhangs gehören:

► die Berücksichtigung der wirtschaftlichen, ökologischen und rechtlichen Zusammenhänge

► die Berücksichtigung der Kommunikations- und Kooperationsbedingungen.

Zur Kontrolle und Bewertung der Ergebnisse gehören:

► die Reflexion der Lösungswege

► die Auswertung betriebspraktischer Aufgaben.

Der Prüfungsausschuss soll feststellen, ob der Prüfling in der Lage ist, die oben genannten Punkte zu erfüllen, ob hierbei Hilfestellung benötigt wurde und welche Leistungen insgesamt beobachtet wurden. Für die beobachteten und festgestellten Leistungen vergibt der Prüfungsausschuss dann Punkte, notiert noch den Ort und das Datum des Prüfungstages und unterzeichnet den ausgefüllten Bewertungsbogen.

Grundsätzlich ist es so, dass Sie zwei Reporte anfertigen sollen, die jeweils einen betriebstypischen Ablauf oder eine betriebstypische Problemsituation in Ihrem Unternehmen schildern. Der Report als solcher wird jedoch nicht bewertet, sondern Ihre Vorstellung dessen in der Prüfungszeit. Das Einreichen der Reporte vorab dient dazu, dass der Prüfungsausschuss bereits Ihren Report durchlesen und sich auf Ihre Prüfung vorbereiten kann. Die mündliche Prüfungsleistung gilt jedoch als Grundlage für die Bewertung des fallbezogenen Fachgesprächs. Beachten Sie, dass hierzu auch eine gute Einleitung in Ihre Vorstellung des Reports hilfreich sein kann und die einleitende Darstellung ebenso mit bewertet wird.

Für die Bewertung wird ein 100-Punkte-Schlüssel angewendet, d. h. die vier Oberbegriffe können insgesamt mit bis zu 100 % bewertet werden. Die Empfehlung der zuständigen Kammern ist die folgende:

► 20 % Planung

► 40 % Durchführung und Begründung der Vorgehensweise

► 20 % Berücksichtigung der Rahmenbedingungen und des Gesamtzusammenhangs

► 20 % Kontrolle und Bewertung der Ergebnisse.

Die erreichten Punkte bzw. Prozentwerte werden von jedem Prüfer einzeln auf dem entsprechenden Bewertungsbogen festgehalten. Ebenso wird darauf der grobe Inhalt der Prüfung notiert, damit der Bewertungsbogen im Zweifelsfall auch als Nachweis z. B. für Einsichtnahmen verwendet werden kann.

RECHTSGRUNDLAGEN

Die Prüfungsordnung für die Durchführung von Abschluss- und Umschulungs-
prüfungen (IHK) sagt hierzu:

§ 26 Ergebnisniederschrift, Mitteilung über Bestehen oder Nichtbestehen

(1) Über die Feststellung der einzelnen Prüfungsergebnisse ist eine Niederschrift
auf den von der zuständigen Stelle genehmigten Formularen zu fertigen. Sie
ist von den Mitgliedern des Prüfungsausschusses zu unterzeichnen und der
zuständigen Stelle unverzüglich vorzulegen.

8. Ablauf der mündlichen Prüfung

8.1 Einreichen des Reports

Zunächst müssen Sie Ihren Report erstellen. Das bedeutet, Sie beschäftigen sich als erstes mit Ihren beiden Wahlpflichtbereichen. Für jedes dieser beiden Fächer sollten Sie als nächstes die Überlegung anstellen, welche Aufgabenbereiche Sie in diesem Gebiet zu bearbeiten hatten und welche Aufgaben Ihnen hiervon während Ihrer Ausbildungszeit besonders gut gelungen sind, welche Aufgaben Ihnen besonderen Spaß gemacht haben o. Ä. Eine solche Aufgabe eignet sich für Ihren Report.

Sobald Sie den Report geschrieben haben, können Sie ihn in das Online-Portal der zuständigen Kammer hochladen. Die Zugangsdaten zum Online-Portal Ihrer zuständigen Kammer erhalten Sie rechtzeitig im Voraus der Prüfung in einem Schreiben per Post. Mit den Zugangsdaten können Sie sich dann im Online-Portal anmelden und Ihre angefertigten Reporte hochladen und speichern.

Das Schreiben mit Ihren Zugangsdaten zum Onlineportal enthält im Normalfall außerdem auch eine Frist, also ein Datum, bis zu dem Sie Ihre Reporte spätestens online gestellt haben sollten. Diese Frist räumt dem Prüfungsausschuss im Vorfeld genügend Zeit ein, sich ebenfalls in dem Online-Portal anzumelden, Ihre Reporte zu lesen, auszudrucken und sich bereits im Vorfeld der Prüfung zu besprechen, welcher Report für die Prüfung infrage kommt, welche Fragen sich aus dem Report für das Prüfungsgespräch ergeben können etc. Wichtig ist, dass Sie zur mündlichen Prüfung auch Ihren Ausbildungsnachweis (vormals Berichtsheft) mitbringen, da der Prüfungsausschuss einen Blick hineinwerfen wird und ein ordnungsgemäß geführter Ausbildungsnachweis Zulassungsvoraussetzung für die Prüfung ist.

8.2 Vorstellung des Reports

Am Tag der Prüfung müssen Sie rechtzeitig am Prüfungsort sein. Dies ist meistens die Berufsschule, an der Sie den schulischen Teil Ihrer Ausbildung absolviert haben. Hier findet nun die mündliche Prüfung, der letzte Teil der Abschlussprüfungen, statt. Der Prüfungsausschuss besteht aus drei Mitgliedern, einem Lehrervertreter, einem Arbeitnehmer- und einem Arbeitgebervertreter. In Ausnahmefällen kann auch eine vierte Person dabei sein, die der Prüfung beiwohnt, weil sie selbst bald als Prüfer/in tätig sein möchte und dementsprechend vorab ein paar Prüfungen sehen sollte. Eine vierte Person ist also kein Grund zur Beunruhigung!

Der Prüfungsausschuss bittet Sie in den Raum. Sie können dann meist wählen, ob Sie sitzen oder stehen bleiben möchten. Wählen Sie die Position, in der Sie sich selbst bei der Vorstellung Ihres Reports wohlfühlen. Ein Mitglied des Prüfungsausschusses wird die anderen beiden Prüfer sowie sich selbst kurz vorstellen, Sie können Ihnen auch die Hand zur Begrüßung geben und Ihren Namen nennen. Ein Mitglied des Prüfungskomitees, in der Regel der oder die Prüfungsvorsitzende, wird Sie nach Ihrem Gesundheitszustand fragen, z. B.: „Fühlen Sie sich fit und gesundheitlich in der Lage, die Prüfung heute durchzuführen?" Sofern Sie sich gesundheitlich dazu im Stande sehen, die Prüfung durchzuführen, kann es losgehen. Sie bestätigen, dass Sie die Prüfung durchführen können und möchten und ein Prüfer wird Sie bitten, mit der Vorstellung Ihres Reports zu starten. Sie selbst können beginnen. Berichten Sie von den Inhalten Ihres Reports. Worüber genau haben Sie geschrieben, welche Aufgabe haben Sie beschrieben? Wichtig dabei ist: Lesen Sie bitte nicht Ihren Report vor, sondern erzählen Sie den Inhalt des Reports. Führen Sie einzelne Punkte etwas genauer aus, geben Sie kleine Ergänzungen, die im Report keinen Platz fanden. Sie können jedoch grundsätzlich davon ausgehen, dass die vor Ihnen sitzenden Prüfer allesamt Ihren Report bereits gelesen haben und ein Vorlesen unnötig ist.

Überlegen Sie sich bereits im Vorfeld, welche Fragen Ihnen die Prüfer/innen zu Ihrem Report stellen könnten und gehen dann im Vortrag auch immer wieder abweichend von Ihrem Report auf diese Querthemen ein. Das macht den Vortrag wesentlich interessanter und zeigt außerdem, dass Sie sich entsprechend professionell auf das Gespräch vorbereitet haben.

8.3 Prüfungsgespräch

Im Anschluss an die Vorstellung des Reports ergibt sich ein Prüfungsgespräch. Da Sie Ihre Themen für die Reporte jedoch selbst gewählt haben und es sich dabei um Aufgaben handelt, deren Bearbeitung zu Ihren Stärken zählt, sollten Sie hiervor keine Sorge haben. Die Fragen, die Ihnen im Prüfungsgespräch gestellt werden, ergeben sich hauptsächlich aus Ihrem Report. Das bedeutet, Sie kennen sich auf Ihrem Gebiet aus und sollten die Fragen des Prüfungsausschusses normalerweise beantworten können. Wenn innerhalb Ihres Reports ein Vorgang nicht ganz schlüssig erklärt ist, werden sich daraus ggf. Rückfragen oder Fragen für die Nachvollziehbarkeit ergeben. Ebenso können es Wissensfragen sein. Schreiben Sie beispielsweise Ihren Report über die Durchführung einer Inventur, so können die Fragen in genau diese Richtung gehen. Es wird möglicherweise nach dem Unterschied von Inventar und Inventur gefragt, nach Durchführungszeiträumen, einer gesetzlichen Vorgabe o. Ä. Haben Sie Ihren Report über die Bearbeitung der Ein- und Ausgangspost verfasst und vorgestellt, werden sich die Fragen hierauf beziehen. So kann der Prüfungsausschuss nach den Erlaubnissen, wann Sie gewisse Postsendungen öffnen dürfen und wann nicht, oder nach Falzarten oder Formaten von Briefumschlägen fragen.

Das Prüfungsgespräch dauert etwa 20 Minuten. Es ergibt sich meistens direkt aus Ihrem Report, ohne vorherige Ankündigung. Das bedeutet, es werden sofort Fragen gestellt. Oder aber es erfolgt seitens des Prüfungsausschusses eine kleine Einleitung, z. B. „Vielen Dank für die Vorstellung Ihres Reports. Dazu habe ich jetzt als erstes folgende Frage. Sie haben den Begriff xy verwendet. Können Sie uns hierzu bitte eine nähere Erläuterung geben?" Im Idealfall ist das Prüfungsgespräch eine Unterhaltung, zu der Sie einigen Inhalt beitragen können.

Zum Ende des Prüfungsgesprächs fragt der Vorsitzende des Prüfungsausschusses die beiden anderen Prüfer, ob sie noch weitere Fragen haben. Sofern es keine weiteren Fragen gibt, werden Sie im Anschluss gebeten, den Raum kurz zu verlassen, damit sich der Prüfungsausschuss zur Besprechung und Notenfindung zurückziehen kann. Der Prüfungsausschuss muss jedoch nicht nur das Ergebnis feststellen, sondern auch ein Protokoll schreiben und die Notenfindung schriftlich begründen. Die Notenfindung, Besprechung und Eintragung Ihrer Prüfungsergebnisse dauert meist etwa zehn Minuten. Je klarer das Ergebnis, desto schneller wird Sie der Prüfungsausschuss wieder in den Raum bitten. Bei bestandener Prüfung gratuliert Ihnen der Prüfungsausschuss und übergibt Ihnen ein Dokument, auf dem steht, dass Sie die Prüfung bestanden haben.

9. FAQ

Wir haben Schülerinnen und Schüler einer Berufsschule gebeten, uns ihre Fragen zur mündlichen Abschlussprüfung zu stellen. Sicherlich sind diese Fragen auch für Sie interessant.

„Wann erfolgt die Anmeldung zur mündlichen Prüfung und die Angabe der Prüfungsvariante?"

Die Anmeldungstermine finden Sie auf der Homepage Ihrer zuständigen Kammer. Diese Termine sind für Sie und Ihr Ausbildungsunternehmen verbindlich. Zur Prüfungsanmeldung müssen Sie folgende Unterlagen einreichen:

► Anmeldeformular (vollständig ausgefüllt)

► Kopie des letzten Berufsschulzeugnisses

► ggf. eine Zusatzerklärung.

Außerdem können Sie zur Abschlussprüfung nur zugelassen werden, wenn Sie Ihr Berichtsheft vollständig geführt haben. Je nach Kammer muss das Berichtsheft entweder schon vor der Prüfung eingereicht werden oder am Tag der mündlichen Abschlussprüfung dem Prüfungsausschuss vorgelegt werden.

Mit der Prüfungsanmeldung wird auch die Variante für die mündliche Prüfung angemeldet. Hier werden die entsprechenden Wahlqualifikationen noch einmal aufgelistet und können entsprechend angekreuzt werden.

Sollte sich Ihre Wahlqualifikation im Laufe Ihrer Ausbildung geändert haben, ist es sinnvoll, bei Ihrer zuständigen Kammer nachzufragen, wie eine Änderung gehandhabt wird. Je nach Kammer kann dies unterschiedlich sein. Einigen Kammern reicht das entsprechende Ankreuzen der Wahlqualifikation auf dem Prüfungsantrag. Andere Kammern verlangen eine Änderung des Ausbildungsvertrages. Bitte klären Sie das so früh wie möglich mit der entsprechenden Kammer.

„Ich muss ja jeweils fünf Monate in einer meiner Wahlqualifikationen eingesetzt sein. Wie wird dieser Zeitraum denn überprüft?"

Bereits zu Beginn Ihrer Ausbildung legt Ihr Ausbildungsbetrieb fest, in welchen zwei Wahlqualifikationen Sie ausgebildet werden. Diese Wahlqualifikationen finden Sie in Ihrem Ausbildungsvertrag.

Mit der Anmeldung zur Prüfung bestätigt Ihr Ausbildungsbetrieb, dass er Sie in diesen Wahlqualifikationen jeweils fünf Monate ausgebildet hat. Diese Bestätigung ist verbindlich!

Außerdem ist Ihr Berichtsheft ebenfalls eine Nachweismöglichkeit, dass Sie die entsprechende Dauer in der Wahlqualifikation verbracht haben, vorausgesetzt, Sie führen Ihr Berichtsheft ordnungsgemäß und gewissenhaft. In Ihrem Berichtsheft sollten z. B. die Unterweisungen stehen, die Sie in Ihrem Ausbildungsbetrieb zu den entsprechenden Wahlqualifikationen erhalten haben. Mit Ihrer Unterschrift und der des Ausbilders bzw. der Ausbilderin bestätigen Sie, dass Sie diese Inhalte erlernt haben.

Sollten Sie Bedenken haben, dass Sie nicht ausreichend in der entsprechenden Wahlqualifikation ausgebildet worden sind, müssen Sie dies unbedingt VOR der Prüfung ansprechen. Zunächst ist der Ausbildungsbetrieb der optimale Ansprechpartner. Sollte sich keine Änderung herbeiführen lassen, ist es ratsam, sich an die Kammer zu wenden.

„Gibt es eine konkrete Beschreibung der Wahlqualifikationen? Wo finde ich diese Beschreibung?"

Es gibt eine konkrete Beschreibung Ihrer Wahlqualifikationen, Sie finden diese in der zeitlichen und sachlichen Gliederung Ihres Ausbildungsberufes bzw. im Ausbildungsrahmenplan. Sie finden die entsprechenden Dokumente im Normalfall als Download auf der Seite Ihrer zuständigen Kammer. Außerdem ist Ihnen ein Exemplar bei Vertragsabschluss ausgehändigt worden. Im **>> Kapitel 2 Aufbau eines Reports und Anforderungen** beschreiben wir die Wahlqualifikationen zusätzlich.

 MEDIEN

Unter diesem Link finden Sie den Ausbildungsrahmenplan:
https://www.bibb.de/dienst/berufesuche/de/index_berufesuche.php/profile/apprenticeship/239212, die Verordnung ist unter der Rubrik Rechtsgrundlagen zu finden).

„Was ist, wenn ich eine Abteilung nicht auseinanderhalten kann?"

Das kommt selbstverständlich häufig vor, da ja Ihre Abteilungen nicht zwangsläufig nach Ihren Wahlqualifikationen benannt sind. Sie können auch drei Jahre lang an ein und derselben Stelle gesessen haben und trotzdem unterschiedliche Tätigkeiten in den Wahlqualifikationen erlernt haben. Wichtig ist, dass Sie für sich protokollieren, wann Sie welche Tätigkeiten ausgeführt haben (im Berichtsheft). Außerdem ist es eine sinnvolle Möglichkeit, diese Tätigkeiten in der zeitlichen und sachlichen Gliederung abzuhaken und sich gegebenenfalls auch die entsprechenden Zeiträume aufzuschreiben.

„Kann die im Vertrag angegebene Wahlqualifikation nachträglich noch geändert werden?"

Ja, allerdings ist die Handhabung von Kammer zu Kammer verschieden. Klären Sie also, sobald Sie eine Änderung abschätzen können, mit Ihrer zuständigen Kammer, inwiefern diese die Änderung gemeldet haben möchte. Manchen Kammern reicht die Angabe der Wahlqualifikationen auf der Prüfungsanmeldung, andere

Kammern wünschen eine Veränderung des Ausbildungsvertrags. Spätestens zur Prüfungsanmeldung muss Ihr Ausbildungsbetrieb genau angeben, in welchen Wahlqualifikationen Sie nun ausgebildet wurden. Er bestätigt mit seiner Unterschrift, dass Sie jeweils fünf Monate in der entsprechenden profilgebenden Wahlqualifikation ausgebildet wurden.

„Wann müssen denn die Reporte abgegeben werden?"

Die Reporte müssen spätestens am ersten Tag der schriftlichen Prüfung abgegeben werden. Beachten Sie dazu die Hinweise Ihrer zuständigen Kammer. Einige Kammern bevorzugen das Hochladen der Reporte als FDF auf eine Plattform, andere Kammern verlangen die Abgabe der Reporte (in entsprechender Vervielfältigung).

„Kann ich auch zwei Reporte in einer Wahlqualifikation schreiben?"

Eine Abgabe von zwei Reporten in einer Wahlqualifikation ist leider nicht möglich. Die Ausbildungsordnung sagt dazu folgendes:

 RECHTSGRUNDLAGEN

§ 7 Abs. 5 Nr. 3 BüroMKfAusbV

3. zur Vorbereitung auf das fallbezogene Fachgespräch soll der Prüfling

a) für jede der beiden festgelegten Wahlqualifikationen nach § 4 Abs. 3 einen höchstens dreiseitigen Report über die Durchführung einer betrieblichen Fachaufgabe erstellen [...]

„Warum muss ich für jede Wahlqualifikation einen Report abgeben, muss aber bei der anderen Prüfungsvariante zwei Aufgaben aus EINER Wahlqualifikation auswählen?"

Auch dieses Vorgehen wird durch die Ausbildungsordnung so festgelegt.

 RECHTSGRUNDLAGEN

§ 7 Abs. 5 Nr. 3 BüroMKfAusbV

3. zur Vorbereitung auf das fallbezogene Fachgespräch soll der Prüfling

b) eine von zwei praxisbezogenen Fachaufgaben, die ihm vom Prüfungsausschuss zur Wahl gestellt werden, bearbeiten und Lösungswege entwickeln; Grundlage für die Fachaufgaben ist eine der festgelegten Wahlqualifikationen nach § 4 Abs. 3.

Hierdurch soll vermieden werden, dass nicht alle Wahlqualifikationen entsprechend ausgebildet werden und der Auszubildende sich durch die mündliche Prüfung „mogeln" kann.

„Kann ich einen Report auch im Ausbildungsteam erledigen?"

Der Report darf leider nicht im Team geschrieben werden. Außerdem müssen Sie und der Ausbildende bestätigen, dass Sie die Fachaufgabe eigenständig im Betrieb durchgeführt haben. Da sich manche Aufgaben (z. B. Planung einer Messe, Planung eines Tags der offenen Tür usw.) als typische Teamaufgaben erwiesen haben, kann man aber durchaus unterschiedliche Verantwortungsbereiche abgrenzen.

„Darf ich Präsentationsmedien mit in die Prüfung nehmen?"

In die Prüfung dürfen Sie nur sich, Ihr Wissen und Ihre Reporte nehmen! Allerdings ist es Ihnen gestattet, in Ihrem Report zu markieren und sich gegebenenfalls auch kleinere Notizen zu machen.

„Wenn mein Ausbildungsbetrieb die Reportvariante nicht auswählt, wie wird dann geprüft?"

Wenn Ihr Ausbildungsbetrieb die Reportvariante nicht wählt, erhalten Sie in der mündlichen Prüfung von Ihrem Prüfungsausschuss zwei Fachaufgaben aus einer Wahlqualifikation. Sie entscheiden sich für eine Fachaufgabe, die Sie in 20 Minuten bearbeiten und anschließend dem Ausschuss vorstellen. Ein Beispiel für eine praxisbezogene Fachaufgabe könnte folgendermaßen aussehen:

Beispiel

Wahlqualifikation „Öffentlichkeitsarbeit"

Szenario: Sie sind in einem mittelständigen Unternehmen im Bereich der Öffentlichkeitsarbeit eingesetzt. Ihr Unternehmen umfasst sieben Abteilungen, 95 Mitarbeiterinnen und Mitarbeiter sind bei Ihnen beschäftigt.

Ereignis: Ihr Ausbilder bemerkt Ihnen gegenüber, dass es immer wieder zu Ausbildungsabbrüchen kommt, noch bevor junge Menschen in Ihrem Betrieb die Ausbildung beginnen. Um eine frühe Bindung zum Unternehmen herzustellen, schlägt er eine Willkommensveranstaltung vor und bittet Sie, diese Veranstaltung zu organisieren.

Aufgabenstellung: Erläutern Sie, wie Sie an diese Aufgabe herangehen und wie Sie diese Aufgabenstellung lösen würden.

Gehen Sie dabei auf die Planungsschritte der vollständigen Handlung ein:

▸ Planung

▸ Durchführung/Begründung der Vorgehensweise

- ► Rahmenbedingungen und Gesamtzusammenhang
- ► Kontrolle und Bewertung der Ergebnisse.

Bei dieser Aufgabenstellung müssen Sie nun theoretisch herleiten, wie Sie praktisch mit einer solchen Aufgabe umgehen würden. Das ist für viele, die noch nie so eine Aufgabe bearbeitet haben, relativ schwierig. Sie sollten sich im Vorfeld in jedem Fall mit beiden Aufgabenformaten gut auseinandersetzen.

 INFO

Nähere Informationen finden Sie in dem Titel „Kaufleute für Büromanagement: Das praxisbezogene Prüfungsgespräch – klassische Variante" (www.kiehl.de).

„Welche Bestehensregeln gelten insgesamt?"

Neu am Beruf „Kaufleute für Büromanagement" ist unter anderem, dass sich die klassische Zwischenprüfung – welche vormals keinerlei Einfluss auf die Note in der Abschlussprüfung hatte – zu einem ersten Teil der Abschlussprüfung gewandelt hat. Die hier erzielten Ergebnisse im Informationstechnischen Büromanagement werden zu 25 % in die Gesamtnote eingerechnet. Als kleines Trostpflaster für diesen Prüfungsabschnitt gilt: hier kann man mit einer Punktzahl, die schlechter als 50 Punkte (Note 4) ist, nicht durchfallen (sie wird aber in das Endergebnis eingerechnet und kann dieses damit verschlechtern).

Der zweite Teil der Abschlussprüfung wird mit insgesamt 75 % in die Gesamtnote eingerechnet. Die drei Teile Kundenbeziehungsprozesse, Wirtschafts- und Sozialkunde und die Fachaufgabe in der Wahlqualifikation verteilen sich darauf wie folgt:

Teil	Information	Inhalte	Bewertung
Kunden-beziehungs-prozesse	Hier handelt es sich um eine schriftliche Prüfung, die in zwei Teile mit insgesamt 150 Minuten unterteilt ist: ► 90 Minuten für ungebundene Aufgaben ► 60 Minuten für gebundene Aufgaben	In diesem Bereich soll der Prüfling nachweisen, dass er komplexe Kundenaufträge von der Anfrage bis zur Reklamation hin kompetent lösen kann. Außerdem soll gezeigt werden, ob der Prüfling in der Lage ist, personalbezogene Aufgaben (Personaleinsatzplanung, Reisekostenabrechnung usw.) durchzuführen. Auch die kaufmännische Steuerung gehört in diesen Bereich der Prüfung.	**30 %**

Teil	Information	Inhalte	Bewertung
Wirtschafts- und Sozialkunde	Hier handelt es sich um eine 60-minütige, schriftliche Prüfung, die aus gebundenen Aufgaben besteht.	Dieser Prüfungsbereich findet sich in jedem Ausbildungsberuf. Hier wird im Prinzip das „Allgemeinwissen der Berufsausbildung" abgefragt: ▸ Allgemeine wirtschaftliche und gesellschaftliche Zusammenhänge ▸ Arbeits- und Tarifrecht ▸ Entgeltabrechnung ▸ Arbeits- und Gesundheitsschutz ▸ Berufsausbildungsvertrag mit Rechten und Pflichten ▸ u. v. m.	**10 %**
Teil	**Information**	**Inhalte**	**Bewertung**
Fachaufgabe in der Wahlqualifikation	Hiermit ist die 20-minütige mündliche Prüfung gemeint. Prüflinge haben hier die Wahl zwischen folgenden Varianten: ▸ Reportvariante ▸ Klassische Variante	In diesem Bereich stellt der Prüfling sein Wissen und seine Fähigkeiten, die er in den Wahlqualifikationen erworben hat, unter Beweis.	**35 %**

Zum Bestehen des zweiten Teils der Abschlussprüfung sind in diesem Bereich insgesamt 50 Punkte (Note 4) erforderlich. Es müssen mindestens zwei der drei Prüfungsteile mit 50 Punkten (Note 4) bestanden sein. Weniger als 30 Punkte (Note 6) darf in keinem Bereich des zweiten Teils erzielt werden.

Sollte einer der beiden Prüfungsbereiche „Kundenbeziehungsprozesse" und „Wirtschafts- und Sozialkunde" mit 30 - 50 Punkten bewertet sein und das Gesamtprüfungsergebnis knapp unter 50 Punkten, so kann der Prüfling einen Antrag auf die mündliche Ergänzungsprüfung in diesem Prüfungsbereich stellen. Diese findet vor der Prüfungskommission statt und dauert ca. 15 Minuten. Das bisher erzielte Ergebnis in diesem Prüfungsbereich und das Ergebnis der mündlichen Ergänzungsprüfung werden dabei im Verhältnis 2:1 gewichtet.

Rechenbeispiele zu den Bestehensregeln

Prüfungsbereich		Punkte	Gewichtung		Bestanden
Teil 1	Informationstechnisches Büromanagement	1C	25 %	3 Punkte	**negativ**
Teil 2	Kundenbeziehungsprozesse	7E	30 %	23 Punkte	Ja
	Wirtschafts- und Sozialkunde	32	10 %	3 Punkte	**Nein**
	Fachaufgabe in der Wahlqualifikation	80	35 %	28 Punkte	Ja
Gesamtergebnis			**100 %**	**57 Punkte**	Ja

Trotz der ungenügenden Leistung im Ersten Teil der Abschlussprüfung und der mangelhaften Leistung in Wirtschaft- und Sozialkunde konnte dieser Prüfling seine Gesamtleistung auf 57 Punkte bringen und hat somit die Abschlussprüfung bestanden. Anders sieht dagegen das nächste Beispiel aus:

Prüfungsbereich		Punkte	Gewichtung		Bestanden
Teil 1	Informationstechnisches Büromanagement	50	25 %	15 Punkte	Ja
Teil 2	Kundenbeziehungsprozesse	50	30 %	15 Punkte	Ja
	Wirtschafts- und Sozialkunde	75	10 %	8 Punkte	Ja
	Fachaufgabe in der Wahlqualifikation	31	35 %	11 Punkte	**Nein**
Gesamtergebnis			**100 %**	**49 Punkte**	**Nein**

In diesem Fall ist der Prüfling durch die Prüfung gefallen. Da die Bereiche „Kundenbeziehungsprozesse" und „Wirtschafts- und Sozialkunde" jeweils 50 Punkte und mehr betragen, kann der Prüfling auch keinen Antrag auf eine mündliche Ergänzungsprüfung stellen, um seine Leistungen zu verbessern.

In diesem Beispiel kann man außerdem sehr gut erkennen, wie wichtig es ist, im Fachgespräch gute Leistungen zu zeigen da dieser Bereich mit 35 % den größten Einfluss auf das Gesamtergebnis besitzt.

„Wie sieht ein Report aus, der „nicht gelungen" ist und was passiert, wenn mein Report nicht gelingt?"

Der hier abgedruckte Report soll ein Beispiel dafür sein, wie ein Report nicht aussehen sollte!

Beispiel

Bearbeitung der Ausgangspost

Ich habe meine Ausbildung in dem Unternehmen Einfache Logistik GmbH absolviert. Bei der Einfache Logistik GmbH handelt es sich um ein Transportunternehmen, das national und international agiert und im Jahre 1985 gegründet wurde. Unser Unternehmen transportiert sowohl Lebensmittel (z. B. Getränke und Obst) sowie Chemikalien, Flüssigkeiten, Granulate, Pulver und andere Stoffe.

In unserem Unternehmen war ich während meiner Ausbildungszeit unter anderem auch für die Bearbeitung der Ausgangspost zuständig. Solange die Bearbeitung der Ausgangspost in meinen Bereich fällt, erhalte ich die Ausgangspost im Grunde täglich von sämtlichen Abteilungen. Hierfür gibt es mehrere Gründe: Es ist gut, wenn die Post gesammelt und in einem zur Post gebracht wird. So muss nicht jeder Mitarbeiter einzeln mit seiner Ausgangspost zur Postfiliale oder zum nächsten Briefkasten, sondern nur ein Mitarbeiter. Dies bedeutet für das Unternehmen eine Zeit- und Geldersparnis.

Habe ich Briefe und Päckchen als Ausgangspost von meinen Kollegen erhalten, so muss ich zunächst die Briefwaage an meinem Platz einschalten und mir meine zur Bearbeitung der Post notwendigen Materialien bereitlegen, um nicht für jeden Briefumschlag extra laufen zu müssen. Ich lege daher Briefumschläge mit verschiedenen Porto-Werten, Paketmarken und die aktuelle Preisliste der Post bereit, um dann mit der Bearbeitung beginnen zu können. Eine Frankiermaschine gibt es in unserem Unternehmen nicht.

Die Ausgangspost bringen mir meine Kollegen für gewöhnlich zu zwei Zeiten: Einmal bis ca. 14:00 Uhr, da nämlich in unserer nächsten Postfiliale die Pakete um 14:30 Uhr abgeholt werden und ich so noch zeitnah die letzten Pakete wiegen und mit Paketmarken versehen kann, bevor ich sie dann rechtzeitig vor Abholung zur Post bringe. Meistens habe ich zu diesem Zeitpunkt auch bereits die größte Anzahl an Briefen des Tages erhalten, die ich dann ebenfalls bearbeite und schon mit zur Post nehme. In dringenden Fällen erhalte ich von meinen Kollegen aber auch bis 16:45 Uhr noch einmal Briefe, da der nächste Postkasten gegen ca. 17:20 Uhr geleert wird und ich so auch hier noch die Möglichkeit habe, die Briefe rechtzeitig zu bearbeiten, zu frankieren und zur Post zu bringen.

Eine zweite Trennung erfolgt neben der Uhrzeit auch durch die einzelnen Abteilungen, die meistens zu unterschiedlichen Zeiten die Fertigstellung ihrer Ausgangspost beendet haben. Die Abteilung Buchhaltung gibt mir ihre Ausgangspost bereits bis 14:00 Uhr, die anderen Abteilungen, in deren Post es nicht unbedingt um Fristen geht oder bei denen das Datum besondere Wichtigkeit hat, erhalte ich dann bis 16:45 Uhr.

Die normale Ausgangspost erhalte ich als Briefbögen, d. h. ich muss zunächst die Briefe an den Falzkanten knicken und sie in passende Briefumschläge kuvertieren. Die Briefumschläge werden anschließend zugeklebt. Nun sortiere ich die Briefumschläge alphabetisch, das dient insbesondere dazu, falls intern doch noch der Versand eines Briefes gestoppt werden soll und ich ihn schnell wiederfinden muss. Ebenso dient es der Kontrolle, ob auch die gesamte Empfängeradresse lesbar im Sichtfeld erscheint. Normalerweise ist dies der Fall, da unsere Anschreiben, Rechnungen usw. im System genormt sind. Dennoch kann es manchmal vorkommen, dass nicht der gesamte Empfänger sichtbar ist, da manche Anschreiben nicht über das System verfasst werden.

Nachdem ich die Post alphabetisch geordnet und auf Lesbarkeit der Empfängeradresse überprüft habe, sortiere ich die Briefe nach ihren Empfängerländern. Ich überprüfe, welche Briefe national und welche Briefe international versandt werden sollen.

Wenn ich auch diesen Schritt durchgeführt habe, muss ich die Briefe nach Größe und Gewicht sortieren. Je nachdem, welche Größe ein Briefumschlag hat, welches Gewicht er aufweist und ob er innerhalb Deutschlands verschickt oder ins Ausland gesendet werden soll, muss ich die unterschiedlichen Anforderungen an die Frankierung beachten. Die Frankierung unterscheidet sich bei den Briefen, aber auch bei den Paketen, deren Frankierung ich ebenfalls anhand der Größe, des Gewichtes und des Empfängers (In- oder Ausland) bestimmen und vornehmen muss.

Besonders wichtig ist es bei dieser Aufgabe, dass ich darauf achte, Einschreiben, Einschreiben mit Rückschein und Einwurf-Einschreiben richtig zu deklarieren. Bei normalen Einschreiben muss der Empfänger den Empfang der Sendung quittieren, wir erhalten darüber keine Bestätigung, können diese Bestätigung aber wenn wir sie benötigen bei der Post anfragen. Ein Einschreiben mit Rückschein hingegen bedeutet, dass wir als Absender eine Karte mit Empfangsbestätigung des Empfängers erhalten. Diese Karte wird Rückschein genannt und als Empfangsbestätigung gilt die originale Unterschrift des Empfängers. Solch ein Rückschein ist bei Rechtsstreitigkeit extrem wichtig, da hiermit nachgewiesen werden kann, dass eine bestimmte Sendung verschickt wurde, wann sie verschickt wurde und wann sie beim Empfänger eingetroffen ist. Das Einwurf-Einschreiben benötigt hingegen keine Unterschrift des Empfängers. Stattdessen gibt hierfür der Postzusteller seine Unterschrift. Wir versenden ein Einwurf-Einschreiben, der Postzusteller stellt dem Empfänger den Brief zu und vermerkt die Zustellung auf dem ihm vorliegenden Auslieferungsbeleg. Diese Dokumentation belegt er mit seiner Unterschrift. Anhand dieser kann sichergestellt werden, dass die Sendung beim Empfänger angekommen ist.

Um eines dieser drei Einschreiben vorzubereiten, benötige ich ein spezielles Formular von der Postfiliale sowie zwei identische Barcodes und zwei identische Sendungsnummern. Auf diesen ist vermerkt, um welche Art der drei Einschreiben es

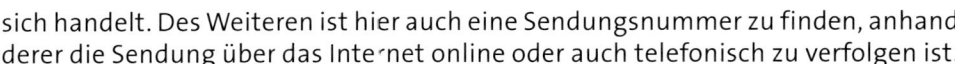

sich handelt. Des Weiteren ist hier auch eine Sendungsnummer zu finden, anhand derer die Sendung über das Internet online oder auch telefonisch zu verfolgen ist.

Das Formular der Post muss ich zunächst auf der Vorderseite ausfüllen und alle mir bekannten Daten eintragen. Ich muss das Auslieferungsdatum angeben, die Art des Einschreibens angeben und ankreuzen, ob es sich um ein national versandtes oder international versandtes Einschreiben handelt. Nachdem ich alle abgefragten Punkte ausgefüllt habe, trage ich auf der Rückseite die weiteren Informationen ein: hier gebe ich die Empfängeradresse an und klebe eine Sendungsnummer auf. Handelt es sich um ein Einschreiben mit Rückschein, so muss ich zusätzlich eine rosafarbene Postkarte ausfüllen, die später an unser Unternehmen zurückgeschickt wird und als Nachweis dient. Auf dieser Postkarte muss ich ebenfalls die Anschrift des Empfängers angeben, sowie das Datum und unsere Adresse, da der Rückschein ja an unser Unternehmen zurück geschickt werden soll. Außerdem erhält auch dieser Rückschein eine Sendungsnummer. Anschließend klebe ich einen Barcode auf den Briefumschlag und kreuze auch hier noch einmal die entsprechend gewählte Form des Einschreibens an. Abschließend frankiere ich die Einschreiben.

Sobald ich sämtliche Pakete, Briefe und Einschreiben unterschiedlichster Art bearbeitet und versandfertig gemacht habe, bringe ich diese zur Post und gebe sie dort vor der nächsten Leerung ab, sodass sie oft bereits am nächsten Tag bei den Empfängern eintreffen.

Bei diesem Report handelt es sich um eine fachliche Beschreibung eines allgemeinen Ablaufes des Postausgangs. Die Tätigkeit ist eher eine Routinetätigkeit, anstatt eine besondere und außergewöhnliche Tätigkeit. Es findet außerdem kein Problemlösungsprozess statt. Wenn man die Checkliste durchgeht, erscheint folgendes Ergebnis:

	Fragestellung	
Berufs- und Betriebsbezug	Hat die Fachaufgabe einen Bezug zu den Ausbildungsinhalten?	👍
	Werden mehrere Lernziele der gewählten Qualifikationseinheit abgedeckt?	👌
	Erfordert die betriebliche Fachaufgabe einen Lösungsprozess?	👎
	Wird mindestens ein Teil eines realen Geschäftsprozesses abgebildet?	👍
Abbildung einer vollständigen beruflichen Handlung	Erfolgt eine Planung, Durchführung und Auswertung?	👎
	Kann der Auszubildende berufliche Handlungsfähigkeit unter Beweis stellen?	👎
	Handelt es sich bei der Aufgabe um keine Routinearbeit und somit um eine Herausforderung für den Auszubildenden? (Beispiele für Herausforderungen sind z. B. veränderte Bedingungen, Auftreten von Schwierigkeiten etc.)	👎
	Muss der Auszubildende Informationen recherchieren, um die Aufgabe zu lösen?	👎
	Müssen unterschiedliche Schnittstellen berücksichtigt werden, um die Aufgabe zu lösen? (Beispiele für Schnittstellen können Kunden, Kollegen, Lieferanten, Betriebsrat, Geschäftsleitung etc. sein)	👌
Gestaltungsspielraum	Hat der Auszubildende gewisse organisatorische Freiheitsgrade oder eigene Verantwortungs- und Entscheidungsspielräume?	👎
	Gibt es alternative Lösungswege und Vorgehensweisen?	👎

	Fragestellung	
Auswertbarkeit	Ermöglichen die Ergebnisse der Fachaufgabe eine Bewertung?	☝
	Besteht die Möglichkeit, dass der Auszubildende die Aufgabe reflektieren kann?	☝
	Kann der Auszubildende Verbesserungsvorschläge ableiten?	☝

Aber keine Sorge! Es kann durchaus vorkommen, dass man mit einem Report auch mal „daneben" liegt. Das sollte aber kein Grund sein, durch eine Prüfung zu fallen. Ihr professioneller Prüfungsausschuss kann einen „schlechten" Report durchaus nutzen, um Sie mit Fragen in eine Situation zu versetzen, aus der man dann Ihre Handlungsfähigkeit erkennen kann.

Beispiele

Folgende Fragen sind denkbar:

► Nehmen Sie einmal an, Ihr Unternehmen möchte seinen Postausgang rationeller gestalten. An welcher Stelle müssten dafür Veränderungen eintreten? Beschreiben Sie sie genau!

► Welche Verbesserungsvorschläge können Sie aus dem Prozess der Postbearbeitung, so wie Sie sie beschrieben haben, ableiten?

► Sie erhalten den Arbeitsauftrag, die Postbearbeitung rationeller zu gestalten. Erläutern Sie Ihr Vorgehen an den Schritten Planen und Durchführen. Welche Überlegungen sind im Gesamtzusammenhang wichtig? Reflektieren Sie Ihr Vorgehen.

Sie merken aber, dass es durchaus schwierig ist, auf solche Fragen einzugehen. Daher ist es wichtig, Ihren Report im Vorfeld gut zu durchdenken.

Was hat es mit dem „dritten Report" bzw. der Zusatzqualifikation auf sich?

Die Ausbildungsordnung der Kaufleute für Büromanagement hält für Sie ein spezielles „Goodie" bereit: Sie können sich mit dem „dritten Report" in einer zusätzlichen Wahlqualifikation prüfen lassen und sich diese Wahlqualifikation als Zusatzqualifikation anerkennen lassen. Die einzige Voraussetzung dafür ist, dass Sie ebenfalls fünf Monate in der entsprechenden Wahlqualifikation ausgebildet wurden.

Diese Prüfung bezieht sich nicht nur auf einen Report, sondern kann ebenso in der klassischen Prüfungsvariante durchgeführt werden. Sie werden am gleichen Tag und vom gleichen Ausschuss in Ihrer dritten Wahlqualifikation geprüft.

Die Besonderheit hierbei ist, dass diese Prüfung nicht in die Noten der regulären Abschlussprüfung eingerechnet wird, sondern auf einem Extrazertifikat separat ausgezeichnet wird. Das hat für Sie eigentlich nur Vorteile:

Vorteile	Nachteile
► bessere Chancen in späteren Bewerbungsverfahren, weil möglicherweise eine Qualifikation mehr vorhanden ist ► bei Nicht-Bestehen überhaupt keine Konsequenzen ► separate Auszeichnung der Noten, d. h. die Qualifikation muss bei nicht so gutem Ergebnis in Bewerbungen nicht angegeben werden	► geringfügig höherer Lern- und Zeitaufwand

Stichwortverzeichnis